랄프 왈도 에머슨
성공의 법칙

일러두기

이 책은 19세기 미국의 시대정신을 대변하는 랄프 왈도 에머슨의 《에세이: 첫 번째 시리즈*Essays: First Series*》를 재편집한 것입니다. 1841년에 출간된 원서 중 그가 특히 중요하게 여기고, 그의 사상을 대표하는 메시지를 선별하여 번역하였습니다. 에세이 원문에는 소제목이 없었으나 가독성을 위해 임의로 달았습니다.

부와 성공을 부르는
자기신뢰의 힘

랄프 왈도 에머슨
성공의 법칙

랄프 왈도 에머슨 | 노윤기 옮김

FIKA

영화 〈흐르는 강물처럼〉의 마지막 독백을 기억하시나요? "결국 모든 것은 한곳으로 향하고, 저 강물도 그곳으로 흘러갑니다…." 미국 몬태나 주 블랙풋강에서 플라이 낚시에 흠뻑 빠진 노인도 그곳을 바라보고 있었죠.

어떤 페이지를 펼쳐도 보석 같은 아포리즘이 쏟아지는 이 책의 빛 한 자락도 흐리지 않으려 분투한 일개 번역가에게 가장 와닿은 구절은 이것이었습니다. "사람들은 그대라는 강철 현의 울림에 감동한다." 에머슨은 세상을 감화시키는 아름다움은 "당신의 전 생애가 일구어온 응축된 힘"인 당신 자신에게서 나온다고 말합니다. 그리고 자신이라는 고귀한 마음 외에 신성한 건 없다는 것을 아는 순간, 우리는 신과 함께라는 사실을 깨닫게 된다고 합니다. 이때의 신을 그는 '궁극의 하나 *eternal ONE*'라고 일컫습니다. 그 마음에 핀 장미는 어제의 장미나 더 예쁜 장미를 말하지 않습니다. 그저 있는 그대로 피어 있고, 오늘의 신과 함께 있을 뿐이죠.

몬태나 주의 그 강에서 물고기를 낚던 노인의 작은 소망은 그의 영혼과 기억, 물소리 리듬 속에서 생동했고, 그 푸르고 장엄한 풍경에 전 세계 관객들이 매혹되었습니다. 에머슨도 같은 이야기를 합니다. 숲의 새들도 각자의 마음과 영혼을 향해 노래하는데, 우리 인간이 헝겊 자투리나 짜 맞추며 눈치 보듯 세상을 기웃거려서는 안 된다고. 거대하게 생동하는 존재가 되어 자신의 마음과 영혼을 노래해야 한다고.

에머슨은 우리가 그 신성한 존재를 느낄 때마다 진중한 열광을 체험하게 된다고 말합니다. 그 열광 속에서 우리는 할 수 있는 모든 위치와 역할로 나아가게 되겠죠. 그 떨림에 자신을 맡길 줄 아는 사람은 어떤 지식과 능력에 있어서도 왕도를 실현할 수 있고, 성공하는 사람일 것입니다. 자신의 전부를 투신하고 헌신하여 영혼으로 깨닫는 사람이 되고자 하기 때문이죠. 영혼은 자신의 진실만큼 그 자신이 됩니다.

혹시라도 자신의 계절과 열매를 고민하는 독자가 있다면, 이 책에 설파된 에머슨의 냉소적이고도 열정적인 '도끼질'을 통해 자아의 낯선 바닥을 천천히 소요逍遙해보면 어떨지요?

노윤기

목차

1

인생의 모든 답은
내 안에 있다

2

나의 생각과 행동이
나를 결정한다

3

사람은
사람이 만든다

4

끊임없이
배우고 탐구하라

5

있는 그대로를
직시하고 받아들여라

Make the most of yourself.
for that is all there is of you.

너 자신을 최대한 활용하라.
그것이 너에게 주어진 전부이다.

Ralph Waldo
Emerson

✳

The Law of
Success

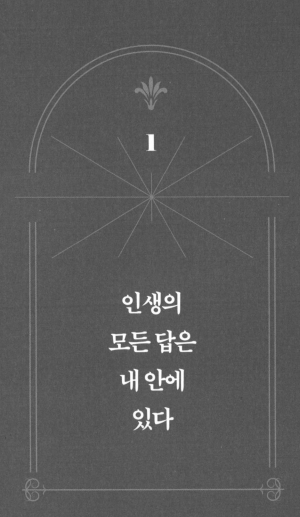

1

인생의
모든 답은
내 안에
있다

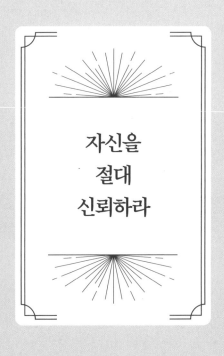

자신을
절대
신뢰하라

살다 보면 나의 생각과 신념을 나도 모르게 폐기한다.
그러니 끊임없이 자기 내면을 응시해야 한다.
내 안에 집중하지 않으면 결코 성공할 수 없다.

"나를 밖에서 찾지 말기를."

"인간은 자신을 향해 반짝이는 별이다.

정직하고 순결한 사람을 꿈꾸는 그 영혼은

빛과 힘과 운명을 모두 지배한다.

우리에게 너무 이른 일이나 너무 늦은 일이란 없다.

각자의 행위는 천사의 인도를 따르니,

좋은 일이든 나쁜 일이든,

우리를 따르는 운명의 그림자는 언제나 우리와 함께한다."

_ 보몬트와 플레처, 《정직한 사람의 운명*The Honest Man's Fortune*》 에필로그

아기를 바위 위에 던져두고,

암컷 늑대의 젖을 물리라.

매와 여우를 벗 삼아 겨울을 나게 하여,

손과 발을 빠르고 강하게 되리니.

얼마 전 나는 매우 독창적이고 개성 있는 시를 몇 편 읽었다. 저명한 화가의 글이었다. 말하고자 하는 바가 무엇이든 우리의 영혼은 그러한 시를 읽고 감화한다. 행간에 담긴 화자의 감정은 시가 전하는 어떤 사상보다도 귀하다. 자신의 생각을 신뢰하는 것, 자신의 내적 진실이 타인에게도 진실이라고 믿는 것, 그것이 바로 천재성*genius*이다.

그대 내면의 신념을 말하라. 그것은 보편의 의미가 될 것이다. 때가 이르면 가장 내적인 것이 가장 외적인 것이 될 것이며, 우리가 가진 최초의 생각은 최후의 심판에 이르러 나팔 소리와 함께 우리에게 되돌아올 것이다. 그 마음의 소리가 사람들에게 위안을 줄 것이다.

모세와 플라톤, 밀턴의 가장 위대한 점은 그들이 기성의 기록과 전통을 무시하고 타인의 생각이 아닌 자신의 생각을 피력했다는 점이다. 우리는 시인이나 현인이 설파하는 저 하늘의 빛보다 자신의 마음에 틈입하여 그곳에서 번뜩이는 작은 빛을 바라보아야 한다. 그리고 그것을 잠자코 응시하는 법을 배워야 한다. 그런데 우리는 오히려 스스로 가졌던 생각을 자신도 모르는 사이에 폐기하면서 살아간다. 그리고 천재들의 작품을 감상하면서 그 생각들, 소위 망각된 위대함을 찾는다.

모든 위대한 작품은 이러한 방식으로 우리를 감동시킨다. 그 작품들은 타인의 시선이 다른 곳을 바라볼 때도 기꺼이 자기 내면을 응시해야 한다고 가르친다. 만일 그렇게 하지 못한다면 우리가 생각하고 느낀 바를 낯선 타인이 나타나 자신의 정제된 언어로 정확히 구사할 것이다. 그렇다면 우리는 부끄럽게도 우리 자신의 생각을 다른 이의 언어를 통해 읽어야 할 것이다.

배움의 노정을 거치는 동안 우리는 이러한 사실을 깨닫게 된다. 질투는 무지의 다른 이름이고, 모방은 자살이며, 좋건 나쁘건 자신의 운명은 자신의 것으로 받아들여야 한다. 또한 이 광활한 우주가 좋은 것을 가득 품고 있다고 해도 자신에게 주어진 한 조각 토양을 일구는 노고 없이는 곡식 한 알도 자신의 일용할 양식이 될 수 없다.

우리가 가진 힘은 우리가 몸담은 자연이 전해주는 신성한 힘이다. 우리가 할 수 있는 일이 무엇인지는 우리 자신 외에 누구도 알 수 없으며, 그 일을 하기 전에는 가늠조차 하기 어렵다. 한 사람의 모습은 얼굴이나 성격 등 부분적인 특징으로 파악되지 않으며, 어떤 요소들은 전혀 영향을 주지 않기도 한다.

사람이 가진 무형의 총체는 각 사람에게 이미 주어진 조화 속에서 만들어진다. 우리의 눈이 한 줄기 빛에 반응하는 것은 그 빛을 증명하기 위해서다. 하지만 우리는 자신이라는 존재의 절반만큼도 드러내지 못하고, 자신이 증명하는 고귀한 생각들은 부끄러워한다. 당신의 생각이 건전하고 바람직한 것이라고 믿어도 좋다. 신은 당신의 의지가 겁쟁이 인간에 의해 실행되는 것을 원하지 않는다.

자신의 일에 마음과 정성을 다한 사람은 평온하고 안온한 마음을 얻는다. 하지만 그렇지 못했다면 온전한 평화를 얻을 수 없다. 그것은 구원받지 못하는 구원이다. 그러한 구원을 움켜쥔 사람은 정신의 빛을 잃는다. 그에게는 어떤 뮤즈도, 어떤 도움도 의미가 없다. 그것은 절망일 뿐이다.

자기 자신을 절대적으로 신뢰하라. 사람들은 그대라는 강철 현의 울림에 감동할 것이다. 신의 섭리가 인도한 그대가 있는 그자리를 수긍하라. 동시대인이 숨 쉬는 그 시대와 그곳에서 벌어지는 사건들을 인정하라. 위대한 인물은 언제나 시대의 정신을

랄프 왈도 에머슨
성공의 법칙

몸소 구현했다. 그들은 자신의 내면에서 절대적으로 신뢰할 수 있는 존재를 보았으며, 손을 뻗으면 그 존재가 다른 존재에 지대한 영향을 미칠 수 있다고 생각했다.

우리는 인류가 공유한 초월적인 운명을 세상에서 가장 고귀한 마음으로 받아들여야 한다. 그래서 시설에서 관리하는 환자나 어린아이가 아니고, 혁명 앞에서 도망치는 겁쟁이가 아니라, 전능하신 분의 섭리에 발맞추어 혼돈과 어둠을 향해 나아가는 선봉장이자 구원자이자 후원자가 되어야 한다.

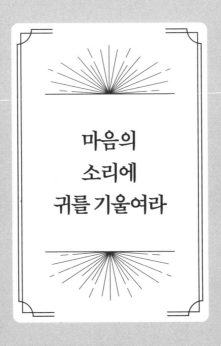

마음의
소리에
귀를 기울여라

진정한 마음의 소리는 홀로 있을 때 들린다.
세상 속에 있어도, 사람들과 모여 있어도
나의 목소리를 지켜야 한다.

자연은 어린아이와 아기의 모습은 물론 동물의 행동을 통해서도 신의 계시를 보여준다. 우리는 때때로 잘못된 언행으로 삶의 지향에 반하는 힘과 수단을 도출한다. 그래서 마음을 거스르고, 분란을 일으켜 스스로 실망하기도 하지만, 마음의 본질은 변하지 않는다. 마음은 완전한 것이지만 누구에게도 자신을 온전히 내맡긴 적이 없다. 그래서 우리는 마음을 비추는 이들의 얼굴을 바라보며 바보가 된 듯 느끼기도 한다.

아기들도 아무에게나 마음을 허락하지 않는다. 오히려 주변 사람들이 아기에게 마음을 맞춘다. 우리는 어른 네댓 명이 아기를 가운데 두고 애써서 달래고 어르는 모습을 자주 본다. 신은 어린아이와 사춘기 아이에게도 자신만의 취향과 매력을 부여했기에, 그들이 자신의 가치를 발견한다면 그것은 귀하고 부러워할 만하며, 누구에게도 무시받지 않는 힘이 될 것이다.

젊은이들이 당신과 나에게 발언하지 않는다고 해서 그들을 무기력하다고 여기지 말라. 들어보라! 옆방에서 들리는 청년의 목소리는 충분히 단호하고 명료하다. 그는 친구들에게 자신을 주장하는 법을 알고 있다. 그 주장이 때로는 수줍고 때로는 거칠더라도 그는 우리 기성세대를 부끄럽게 만드는 법을 알고 있다.

귀족은 점심을 얻기 위해 어떤 일이나 수고도 할 필요가 없다. 식사를 기다리는 소년도 마찬가지다. 거실에 앉아 있는 저 소년은 극장의 앞자리에 앉은 관객과도 같다. 아무런 걱정 없이 앉아서 지나는 사람을 보고 벌어지는 일들을 관찰한다. 그리고 자신만의 방식으로 좋고 나쁜 것, 재미있고 지루한 것, 감동적이고 쓸모없는 것을 빠르고 간략하게 분별하고 판단한다. 그는 결과나 이해득실에 얽매여 괴로워하지 않는다. 단지 독립적이고 정직한 판단을 내릴 뿐이다. 당신이 소년의 비위를 맞추어야 할 것이며, 그가 당신의 비위를 맞추는 일은 없을 것이다.

하지만 그가 어른이 되면 스스로 만든 의식이라는 감옥에 갇히게 된다. 자신의 언행을 사람들에게서 인정받은 사람은 그 순간부터 타인에게 헌신적인 사람이 되고, 수많은 주변 사람들로부터 공감과 배척을 경험하게 된다. 이제 그가 가지는 삶의 애착은 사람들에 대한 책임의 문제로 전이된다. 이 과정에서 망각의 강 레테*Lethe*는 존재하지 않는다.

이전과 같은 관찰자의 위치에 설 수 있다면 얼마나 좋을까! 어떤 것도 맹신하지 않고 관조하는 사람, 어떤 것도 편애하지 않고, 어떤 것에도 치우치지 않고, 어디에도 매수되지 않고, 그 무엇도 두려워하지 않는 순수한 사람은 언제나 가장 힘센 사람이다. 그 사람이 자신의 이야기를 피력하기 시작한다면, 그리고 그 이야기가 사사롭지 않고 심오한 것이라면, 그것은 마치 화살처럼 사람들의 귓속을 파고들어 그들을 전율에 떨게 할 것이다.

마음의 소리는 홀로 있을 때 귓전으로 흘러들고, 세상 속으로 나아갈수록 점차 희미해진다. 사람들이 모여 살아가는 사회는 어느 곳이든 인간성을 말살하는 음모가 난무한다. 그 모습은 마치 주식회사에서 벌어지는 일과 같아서, 주주들은 더 많은 빵 조각을 요구하며 스스로 자유와 교양을 포기하는 데 동의한다.

사회가 요구하는 가장 중요한 덕목은 순응이다. 사회는 구성원들이 스스로 서는 것을 혐오한다. 사실을 싫어하고, 사실을 탐구하는 이들을 싫어하고, 그 대신 명분과 관습을 선호한다.

제대로 된 인간으로 살고자 한다면 관습을 거부하는 자가 되어야 한다. 빛나는 영예를 얻고자 한다면 선의*goodness*라는 이름에 억눌리지 말고, 그것이 정말로 선의인지 고민해야 한다. 당신의 고귀한 마음 외에 신성한 것은 없다. 그러니 당신 자신에게 무죄를 선고하라. 그러면 세상은 당신의 목소리에 귀 기울이기 시작할 것이다.

내가 아주 어릴 적, 교회에서 존경하던 은사님께서 거룩하고 고리타분한 교리로 나를 설득하려 했을 때, 내가 했던 대답을 기억한다. 나는 이렇게 말했다. "제가 진정 내면의 거룩함을 따라 산다면 교회의 거룩함이 무슨 의미가 있을까요?" 그러자 은사님이 답했다. "그런 마음은 천국이 아닌 지옥에서 온 것일 거야." 나는 다시 답했다. "저는 그렇게 생각하지 않아요. 제가 정말 사탄의 자식이라고 해도, 저는 그냥 그렇게 살 거예요."

본성이라는 법 이외에 어떤 법도 나에게 신성한 것이 될 수 없다. 좋은 것과 나쁜 것은 이것과 저것이 다르듯 쉽게 변한다. 세상에 단 한 가지 옳은 것이 있다면 그것은 내 본성에 맞는 것이고, 단한 가지 그른 것이 있다면 그것은 내 본성을 거스르는 것이다.

모든 것이 허상이고 모든 것이 덧없듯, 우리 인간은 어떠한 환경에서도 자신을 표출할 수 있어야 한다. 우리가 타인의 신분과이름에, 혹은 대중의 사회나 죽은 관습에 얼마나 쉽게 굴복하는

지를 생각할 때마다 나는 부끄러움을 느낀다. 나는 대의를 위해 일하는 사람보다 고상하고 품격 있게 말하는 사람에게 공감하고 감동을 받는다. 그러니 우리는 떳떳하고 힘차게 앞으로 나아가며, 꾸미지 않은 진실만 이야기해야 한다.

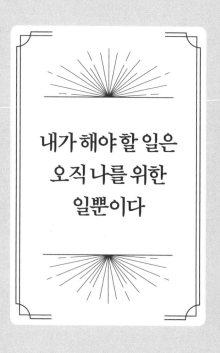

내가 해야 할 일은
오직 나를 위한
일뿐이다

내가 해야 할 일은 오직 나와 관련된 일이다.
이 원칙은 위대함과 천박함을 구분하는 기준이 된다.

악의와 허영이 박애의 외피를 두른다고 해서 그것이 통용될 수 있을까? 만일 분노와 편견을 가득 품은 자가 노예해방이라는 너그러운 명분을 내세우며 식민지 바베이도스^{Barbados}의 최근 소식을 들고 나타난다면, 나는 이렇게 말할 것이다.

"집에 가서 아기나 돌보는 편이 나을 것입니다. 아니면 나무하는 일꾼부터 보듬어주시기를 바랍니다. 착하고 겸손하시기를 바랍니다. 그리고 자비심을 가지시기를 빕니다. 1천 마일 밖에 있는 흑인들에 대한 놀라운 동정심으로 당신의 거칠고 무자비한 야심을 방패막이하지 마시기를 바랍니다. 먼 곳을 바라보는 당신의 사랑이 집안에서는 독이 됩니다."

너그러움의 끝단에는 작은 날카로움이 서 있어야 한다. 그렇지 않으면 그 덕목은 무의미하다. 사랑의 원리가 쇠락하고 역풍이 불 때는, 그것의 반작용인 배척의 원리가 가르쳐져야 한다. 내본성이 요구할 때 나는 부모 형제와 아내마저 멀리할 수 있다. 나는 출입문 가로 기둥에 '변덕'이란 단어를 써붙여놓을 수도 있다. 이 단어가 원래의 의미보다 더 나은 것이기를 기대하지만, 이를 설명하기 위해 온종일 문 앞에 서 있을 수는 없다. 내가 누군가를 왜 찾는지, 혹은 왜 찾지 않는지, 그 이유를 밝히기를 기대하지 않기를 바란다. 심지어 오늘 어떤 이가 내게 선의로 말했듯, 세상의 가난한 자들을 좋은 환경에서 살아가도록 하는 일이 내 책무라고 주장하지 말기 바란다.

그들의 가난이 나의 가난인가? 어리석은 박애주의자에게 말하건대, 나는 내게 속하지 않고, 내가 속하지 않은 사람 누구에게도 단돈 1달러, 10센트, 아니 1센트도 서슴없이 줄 생각이 없다. 물론 정신적인 교감을 하는 이들 가운데 내 전부를 걸어도 좋은 사람은 있다. 그를 위해서라면 기꺼이 감옥이라도 갈 수 있다. 사람들이 조직하는 잡다한 자선 단체나 바보 같은 대학 교육, 지금도 많은 이가 헛된 열정을 쏟는 예배당 건축, 그리고 수천 배를 약속하는 상호부조 등을 생각해보면, 나 또한 스스로에게 굴복하고 부끄럽게도 이따금 달러를 내기도 했음을 고백한다. 하지만 그것은 사악한 돈일 뿐이다. 앞으로 나는 이를 거부할 수 있는 사람다움을 함양할 생각이다.

'미덕'이라는 것은 세속적으로 판단해서 규칙이라기보다 예외적인 현상이다. 사람이 있고 그 뒤에 덕이 있는 것이다. 사람들은 행사에 불참한 대가를 벌금으로 지불하듯, 의로운 행위나 자선과 같은 소소한 일들을 통해 선행이라 불리는 일을 한다. 환자나 정신 이상자가 병원에 고액의 숙박료를 지불하듯, 세상에서 그들의 행위는 자신의 삶에 대한 사과나 정상참작으로 받아들여질 뿐이다.

그들의 미덕은 참회다. 하지만 나는 참회하며 살고 싶지 않다. 나는 삶을 살고 싶을 뿐 남들의 구경거리가 되고 싶지 않다. 나는 빛나지만 불안한 삶보다 느슨한 삶을 좋아한다. 그래서 삶이 순수하고 평온하기를 바란다. 내 삶이 건강하고 즐겁기를 바라고, 단식을 하거나 수술 없이 살기를 바란다. 나는 당신이 인간이라는 기본적인 사실에 직면하기를 바랄 뿐, 그 존재를 벗어나 존재를 설명하는 사람이 되지 않기를 바란다.

훌륭하다고 칭송받을 행동을 하는 것과 아무것도 하지 않는 것이 같은 의미라는 사실을 나는 알고 있다. 나는 내가 가진 본질적인 특권에 비용을 지불해야 한다는 주장에 동의할 수 없다. 나라는 존재가 비록 작고 보잘것없어도 나는 실재하기 때문에, 이를 위해 내가 자아를 확신해야 한다거나 주변 사람들의 인정을 받을 필요는 없다.

내가 해야 할 일은 나와 관련된 일이지 다른 사람을 생각하는 일이 아니다. 일상의 세계에서도, 지식의 세계에서도 실행하기 쉽지 않은 이 원칙은 위대함과 천박함을 구분하는 하나의 기준이 된다. 이 규칙이 실행하기 어려운 이유는, 우리 주변에는 내가 할 일이 무엇인지 나보다 더 잘 안다고 생각하는 사람들이 존재하기 때문이다. 세상 사람들의 의견에 따라 사는 것은 쉽다. 고독 속에서 자신의 뜻대로 사는 것도 쉽다. 그러나 위대한 사람은 군중 속에서도 고독한 자아의 온전한 충만함을 만끽한다.

우리가 죽은 관습에 순응하지 않아야 하는 이유는, 그것이 우리의 힘을 분산시키기 때문이다. 그것은 시간을 빼앗고 우리의 성품을 맹탕으로 만든다. 당신이 만일 죽은 교회나 죽은 성서협회 같은 단체를 추종하고, 정부를 지지하거나 반대하면서도 거대 정당에만 투표하고, 자신의 인생을 남 일 하듯 살아간다면, 나는 그 잡다한 영역을 오가는 당신이 어떤 사람인지 정확히 이해하기 어렵다. 물론 당신 자신부터 진정한 삶의 영역에서 멀리 벗어나게 될 것이다. 그러니 오직 당신의 일을 하라. 당신이 당신의 일을 하면 당신은 강건한 자아를 가지게 될 것이다. 그러면 나는 당신을 알아볼 것이다.

우리는 '순응'이라는 눈가리개 게임이 얼마나 의미 없는 것인지 알아야 한다. 내가 만일 당신의 정치적 견해를 안다면, 당신의 주장에 동조할 수 있다. 설교 시간에 목사님이 교회에 어떤 규칙이 필요하다는 주장을 펼치는 것을 보았다. 나는 그가 새롭고도 창의적인 이야기를 하지 못할 것이라는 사실을 몰랐던 것일까? 그는 규칙의 설립 근거를 조사하고 있다고 공언했지만, 그것이 진심이 아니라는 것을 나는 몰랐던 것일까? 그가 일반인이 아닌 교회 목사로서 허용된 직책만을 수행하겠다고 맹세한 사실도 나는 몰랐던 것일까? 그는 법률 자문을 의뢰받은 변호사처럼 강단에 앉아 무의미한 충정만을 보이고 있다. 게다가 신도들도 대부분 손수건 따위로 자신의 눈을 가린 채 다수 의견 중 하나에 자신을 묻어버린다.

순응을 체득한 이들은 자신이 체념한 몇 가지만 거짓이 아닌, 총체적인 자아가 거짓인 사람이 된다. 요컨대 그들의 모든 진실이 거짓이 되는 것이다. 그들이 둘을 말해도 사람들은 둘로 받아들이지 못하고, 그들이 넷을 말해도 사람들은 그것을 넷으로 인정하지 않는다. 그래서 그들이 하는 모든 말이 우리를 안타깝게 하지만, 이를 바로잡기 위해 어떻게 해야 할지 아는 사람은 아무도 없다. 그러는 사이 자연의 섭리는 재빨리 우리의 마음에 우리가 지지하는 정당의 죄수복을 입힌다. 우리는 일정한 얼굴과 체형도 가지게 되고, 마침내는 가장 온순하고 무지한 표정을 장착하는 것으로 화룡점정을 한다.

이제 우리는 달갑지 않은 연기도 해야 한다. 칭찬을 듣는 바보 같은 표정으로 편하지도 않고 관심도 없는 대화에 억지 미소로 화답하는 일이 그것이다. 얼굴 근육이 자발적으로 움직이기보다는 질 낮고 암묵적인 강압에 의해 작동하기 때문에 우리의 표정은 매우 불쾌한 긴장감으로 가득해진다.

사람들은 관행을 거부하는 당신에게 불만을 표하고 당신을 불안하게 할 것이다. 우리는 그들이 보이는 불만 어린 시선의 이면을 들여다볼 필요가 있다. 거리에서 만나는 사람도, 응접실에 함께 앉은 친구도 당신에게 그러한 시선을 던지지만, 그 시선의 원인이 당신처럼 증오와 저항에 기인한 것이라면 당신은 슬퍼하며 집으로 돌아가도 괜찮다. 하지만 그 불만 어린 표정이란 것도 알고 보면 행복한 표정과 다를 바가 없다. 그 표정에는 심오한 이유가 없으며 바람이 부는 대로, 신문 논조가 주장하는 대로 아침 저녁이 달라진다.

때로는 사람들이 표출하는 불만이 의회나 대학에서 제기하는 반론보다 강력하다. 세상사를 잘 아는 분별 있는 사람이 교양인 계급의 분노를 견디는 일은 어렵지 않다. 그들의 분노는 예의 바르고 신중하며 그들 자신이 매우 소심해서 쉽게 상처받기 때문이다. 하지만 민중이 분노하고, 무지하고 가난한 이들이 떨치고 일어날 때, 그래서 사회의 밑바닥에서 웅크리고 있던 거센 분노가 들불처럼 번질 때가 있다. 그때 필요한 것은 관대함과 세상에 무관심한 종교적인 이념이다.

현재에
집중하라

내가 오늘 바르게 살았고 그것이 진실했다면, 그것으로 되었다. 당신의 일이 무엇이든 그 일을 당장 실행하라.

자기신뢰를 저해하는 인간의 또 다른 공포는 지조*consistency*, 즉 과거의 언행에 대한 지나친 집착에서 비롯된다. 사람들은 타인을 바라보며 그들의 과거 언행에 주목하곤 하는데, 이는 사람을 이해하는 별다른 방법이 존재하지 않기 때문이다. 타인을 실망시키고 싶지 않은 우리는 과거에 집착하며 전전긍긍한다.

우리는 왜 과거의 기억에 집착하고 그 집착을 어깨에 얹고 다니는가? 삶의 현장에서 발언한 여러 내용들이 서로 모순될까 두렵다고 해서 기억의 시체를 끌고 다녀야 하는 것일까? 당신이 모순된 언행을 보인다고 가정해보자. 그렇다고 해서 무슨 일이 벌어지는가?

기억에만 의존해 살아가지 않는 것은 삶의 한 가지 지혜다. 완벽한 기억력을 자랑하는 사람이라도 마찬가지다. 오히려 과거의 일을 수천 개의 눈이 작동하는 현재로 가져와 새롭게 규정한다면, 당신은 새로운 삶을 살 수 있다. 당신은 형이상학을 탐구하기 때문에 신의 인격성을 부정할 수 있지만, 어떤 것에 진심으로 감동했다면 설사 그것이 하느님의 형상과 속성을 드러낸다고 해도 그 존재에 겸허히 마음을 내주어도 된다. 마치 요셉이 부정한 여인의 손에 옷을 맡기고 도망친 것처럼 당신은 당신의 구태를 내칠 수 있어야 한다(요셉이 친위대장 아내의 유혹을 뿌리친 창세기 39장 12절 일화 — 옮긴이).

맹목적인 지조는 그릇 작은 정치인이나 철학자, 성직자들이 받들어 모시는 어리석은 허깨비에 불과하다. 위대한 인물이 지조에만 집착한다면 세상에서 그가 할 일은 많지 않다. 차라리 벽에 비친 자신의 그림자를 감상하는 편이 나을 수도 있다. 당신이 지금 떠오르는 생각을 가감없이 말하고, 내일 떠오르는 생각을 솔직하게 말해보라. 오늘 한 말과 내일 한 말이 서로 어울리지 않을 것이다. 그렇다고 해서 그것이 그토록 나쁜 것일까? 피타고라스, 소크라테스, 예수, 루터, 코페르니쿠스, 갈릴레오, 뉴턴 등 순수하고 지혜로웠던 자들도 오해를 받았다. 위대하다는 것은 오해를 덮어쓰는 일이다.

누구도 자신의 본성을 거스를 수는 없다. 안데스 산맥과 히말라야 산맥의 돌출부가 지구라는 구체의 곡선에서 중요하지 않은 것처럼, 우리의 의지가 만들어내는 모든 말과 행동은 인간 존재의 법칙에 수렴된다. 당신이 누군가를 어떻게 평가하는지는 전혀 중요한 문제가 아니다. 사람의 인격은 아크로스틱*acrostic*(행의 첫 글자로 시를 만드는 글쓰기 — 옮긴이)이나 알렉산드리아 스탠자 *Alexandrian stanza*(일정한 운율을 가지는 고대 시 — 옮긴이)와도 같아서 순서대로 읽어도, 거꾸로 읽어도, 심지어 건너뛰며 읽어도 상관이 없다.

하느님은 나에게 숲에서 생활하면서 뒤돌아보지 않고, 앞서 생각하지도 않고, 하루하루 솔직한 생각들을 기록하는 사색적인 삶을 허락하셨다. 그리고 당연한 말이지만, 이러한 삶이 균형 잡힌 삶이라는 사실을 나는 알고 있다. 나의 책에서는 소나무 향기가 나고 곤충의 날갯짓 소리가 새어 나올지도 모른다. 창문 위 제비는 부리로 옮겨온 실과 지푸라기에 거미줄을 섞어 둥지를 엮으리라.

우리는 우리의 존재를 세상에 전한다. 우리의 인격은 의지보다 먼저 우리를 가르친다. 사람들은 자신의 미덕이나 악덕이 가시적인 행위를 도출하고 그 행위가 사람들에게 전해진다고 생각하지만, 그 미덕과 악덕이 매 순간 숨을 내쉬는 것은 보지 못한다.

우리의 모든 행위는 일정한 조화를 따르기 때문에 각각의 몸짓들은 각각의 시간에 정직하고 또한 자연스럽다. 서로 다른 각각의 행위들은 하나의 의지로 모여 조화를 향해 나아간다. 여러 다양한 모습들도 일정한 거리를 두고 바라보면, 혹은 조금 깊이 사유하면 그 차이는 사라진다. 의지의 방향성은 그들 모두를 포용한다. 범선에게 가장 좋은 항해는 바람의 방향을 시시각각 가늠하며 나아가는 지그재그 항법이다. 그 구부러진 항로는 충분한 거리를 두고 바라보면 중간에서 곧게 펼쳐진다. 당신이 진심으로 행위하면 그 행위가 스스로를 설명할 것이고, 또한 당신의 다른 진심 어린 행동까지 설명할 것이다.

순응의 행위는 아무것도 설명하지 못한다. 그러므로 우리는 홀로 행위해야 한다. 당신이 홀로 행한 일들이 당신을 설명해줄 것이다. 위대함은 미래를 지지해준다. 내가 오늘 바르게 살았고 그것이 타인의 시선을 무시해도 좋을 만큼 진실했다면, 지금까지 옳은 일을 하고 산 나는 내일의 자아를 보호받을 자격이 충분하다.

당신의 일이 무엇이든 그 일을 당장 실행하기 바란다. 한낱 외피에 불과한 것들을 무시할 수 있다면, 당신은 언제나 당신의 일을 실행할 수 있다. 인격의 힘은 켜켜이 쌓인다. 미덕을 쌓으면서 흘러간 나날들은 당신에게 이로움으로 돌아올 것이다. 위대한 정치인과 전장의 영웅들은 어떻게 상상력을 발휘하고 어떻게 위대한 업적을 남긴 것일까? 그들은 과거의 위대한 날들과 연이은 승리의 기억들을 품고 있다. 그 기억은 자아를 새롭게 하고자 하는 이에게 한 줄기 빛을 선사하고, 빛나는 천사의 호위를 받으며 걷도록 돕는다. 윌리엄 피트*William Pitt*의 목소리에 천둥과 같은 위엄을, 조지 워싱턴의 풍채에 존귀함을, 존 애덤스*John Adams*의 눈에 미국을 허락한다.

명예는 헛된 것이 아니며 우리에게 숭고한 가치를 보여준다. 그것은 언제나 고대의 미덕이지만 우리가 여전히 숭상하는 이유는 그것이 현재의 것이 아니기 때문이다. 그러면서도 우리의 사랑과 존경을 구걸하지 않고 스스로 자립하며 자족적인 본성으로 자신의 오래되고 순수한 전통을 과시한다. 우리는 이것을 가치 있게 여기며, 젊은이들도 다르지 않을 것이다.

나는 우리가 순응이나 지조와 같은 말을 더 이상 듣는 일이 없기를 바란다. 그러한 단어들은 이제 관보에 게재한 뒤 서고로 옮겨도 좋으리라. 저녁 식사를 알리는 징 소리 대신 스파르타의 피리 소리를 들으면 좋겠다. 더 이상 머리 숙여 사과하는 일은 없으면 좋겠다.

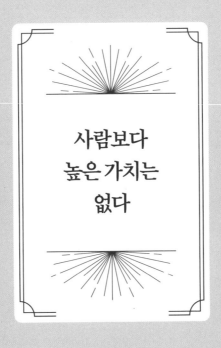

사람보다
높은 가치는
없다

진실한 사람은 스스로가 원인이고 스스로가 국가이며
스스로가 시대이다. 언제나 진실한 사람이 되기를 소망하라.

나는 인류애를 관통하며 이 자리에 서 있다. 친절한 사람이 되고 싶지만, 그보다는 진실한 사람이 되고 싶다. 시대의 무난함과 비굴한 안온함을 꾸짖고 질책하자. 인습이 만연한 곳에서, 무역의 현장에서, 직장에서, 역사가 만들어지는 모든 곳에서 진실을 폭로하자. 사람이 존재하는 곳 어디에나 위대하고 믿을 만한 사상가와 행동가가 존재한다는 사실을, 진실한 사람은 다른 시공간이 아닌 만물의 중심에 거한다는 사실을 기억하자. 그가 거하는 장소가 곧 자연이다. 그는 당신과 사람들과 모든 사건을 재단하는 기준이다.

사회의 모든 구성 요소는 흔히 다른 사물이나 다른 사람을 연상시킨다. 하지만 한 개인의 성격과 인격은 타인을 연상시키지 않는다. 개인의 삶은 세상이 창조되는 총체적 과정의 일부이다. 우리가 이토록 거대한 존재로 설 때, 요동치는 세상 앞에서 평온할 수 있다. 진실한 사람은 스스로가 원인이고 스스로가 국가이며 스스로가 시대이다. 그가 자신의 목표를 온전히 이루기 위해서는 무한한 공간과 숫자와 시간이 필요하다. 후대 사람들은 고객의 행렬처럼 그를 추종할 것이다. 인간 카이사르가 태어난 이후 우리는 오랜 세월 로마 제국을 경험했다. 예수가 태어난 이후 수백만의 영혼이 위안을 얻었고, 덕성과 인간의 가능성을 융합하고자 한 그의 정신에 매료됐다.

인간이 만든 모든 것은 한 사람이 길게 드리운 그림자다. 예를 들어, 수도원은 성 안토니*St. Anthony*의 그림자를, 개신교는 마틴 루터*Martin Luther*의 그림자를, 퀘이커교는 조지 폭스*George Fox*의 그림자를, 감리교는 존 웨슬리*John Wesley*의 그림자를, 노예제 폐지는 토머스 클락슨*Thomas Clarkson*의 그림자를 드리우고 있다. 존 밀턴은 스키피오*scipio*를 "로마의 정점"이라고 칭했다. 모든 역사는 소수의 강인하고 투철한 사람들의 삶에 의해 매우 쉽게 그려진다.

우리는 자신의 가치를 알고, 세상을 우리의 발아래 두어야 한다. 우리를 위해 존재하는 세상에서 가난하고 못난 소년이 된 듯, 무도한 침입자라도 된 듯 눈치 보며 세상을 기웃거리는 일은 없어야 한다. 그렇지만 거리를 지나는 많은 사람 가운데, 신을 위해 세우는 탑과 대리석상을 자기 자신을 위해 세울 생각을 하는 사람은 없어 보인다. 위대한 신들에 비해 자신은 한없이 초라한 존재라고 생각하기 때문이다. 그에게는 궁전도, 조각상도, 비싼 책도 사치품처럼 낯설고 어색해서, 마치 그것들이 자신에게 '누구세요?' 하고 묻는 것처럼 느낄 것이다. 하지만 그 모든 것은 그대의 소유이며, 그대의 주목을 끌기 위해 기다리는 대기자들이다. 자신의 능력을 보여주어 관심을 받고 한 자리 차지하기 위해 줄 선 이들일 뿐이다.

그림들 역시 그대의 평가를 기다리고 있다. 그 물건들은 그대에게 명령하는 대신 그대에게 칭찬받고 싶은 욕구를 충족시키고자 한다. 어느 유명한 우화를 떠올려보라. 거리에서 발견된 취객이 공작의 저택으로 옮겨진 뒤 목욕재계를 하고 근사한 옷을 입은 채 침대에 눕혀졌다. 사람들은 잠에서 깬 그를 공작으로 받들며 그가 한동안 정신이 온전치 못했다고 말했다. 이 이야기가 많은 이들에게 회자되는 이유는 인간의 속성을 매우 잘 풍자하고 있기 때문이다. 사람들은 세상에서 그처럼 술에 취해 있으며, 이따금 깨어나 이성을 되찾고 자신이 세상의 주인공이라는 사실을 깨닫는다.

우리는 때때로 무엇인가를 구걸하기 위해서, 심지어 남들의 비위를 맞추는 법을 배우기 위해 독서를 한다. 역사의 기록들도 우리의 상상력을 오도하곤 한다. 왕국과 왕권, 권력, 재산 등과 같은 말은 작은 집에 살며 평범한 일상을 영위하는 수많은 존과 에드워드들에게 너무도 버거운 개념이다. 하지만 삶의 문제라는 점에서 두 가지는 동일할 뿐 아니라 둘을 합한 총량도 같다.

영국의 알프레드 대왕*Alfred the Great*과 알바니아의 지도자 스칸데르베그*Scanderbeg*와 스웨덴의 독립 영웅 구스타브 1세*Gustav I*는 왜 그토록 존경을 받는가? 그들이 훌륭한 덕성을 가진 인물들이었다고 가정하자. 그들은 그 덕을 다 써버린 것일까? 그들이 이룩한 빛나는 공덕은 오늘날 우리의 사적인 행위들에도 고스란히 담겨 있다. 우리가 각자 고유한 생각으로 살아갈 때 역사의 빛은 왕들의 통치에서 시민의 삶으로 옮겨진다.

세계는 각 나라의 구성원들을 대변하는 왕에 의해 만들어졌다. 이 거대한 체계를 통해 사람들은 서로 존중하는 지혜를 실행해왔다. 사람들은 세계 곳곳에서 왕과 귀족과 대지주가 만든 그들의 법도를 기꺼이 따랐다. 또한 스스로 사람과 사물을 바라보는 척도를 만들어 세상을 바꾸었다. 그에 대한 대가는 돈이 아닌 명예였고, 그들은 자신들의 인격으로 법을 표현했다. 그것은 그

랄프 왈도 에머슨
성공의 법칙

들 자신의 권리이자 아름다움이었고, 모든 이에게 자신들의 권리를 희미하게나마 인식시켜주는 일종의 상형문자였다.

자기신뢰가 만들어지는 이유를 생각해보면 모든 원초적인 행위를 가능케 하는 기제인 자성^{magnetism}도 설명된다. 신뢰를 받는 사람은 누구인가? 보편의 자아가 의탁하는 원초적 자아는 무엇인가? 과학을 당혹스럽게 만드는 저 별의 본성과 힘은 무엇인가? 별들은 관찰 각도나 측정 수단을 몰라도, 사적이고 불순한 의도를 품어도, 최소한의 독립된 개체이기만 하면 아름다운 빛을 내려주지 않는가?

호기심은 우리가 자발성, 혹은 본능이라고 부르는 정신과 덕성과 삶의 핵심으로 우리를 인도한다. 이와 같은 일차적인 지혜를 우리는 직관이라고 하고, 이후의 모든 배움은 교육이라고 한다. 이처럼 세상 만물은 인간의 지적 분석이 미치지 않는 내면 깊은 곳의 힘에서 비롯된다.

고요한 시간에 가늠할 수 없는 방식으로 우리의 영혼에 떠오르는 존재의 느낌은 사물과 다르지 않고, 그것은 공간, 빛, 시간, 인간과 별개의 것이 아니다. 모든 것은 하나이며, 모든 것은 같은 근원에서 흘러나온다. 그리고 그곳에서 인간의 삶과 존재가 영속된다.

최초에 우리는 사물을 존재하게 하는 생명을 공유했지만, 이후에는 자연에서 마주하는 사물로만 인식하다가, 마침내 그 사물들의 근원을 공유했던 사실마저 잊고 만다. 그 심연에는 행위와 사유의 샘이 있다. 그래서 인간에게 미신과 무신론이 아니면 거부될 수 없는 지혜의 총체인 영감의 폐부肺腑가 있다. 우리는 거대한 지성의 무릎을 베고 누워 있다. 그 지성을 통해 우리는 진실을 흡입하고 실천의 몸체가 된다.

정의를 알아보고 진리를 분별하는 때에도 우리가 하는 것은 아무것도 없다. 오직 지성의 빛이 우리를 투과하도록 허락할 뿐이다. 그래서 사람들이 그 빛이 어디에서 오는지 계산하고 그 원인이 되는 영혼을 파헤치려 하지만, 그러한 철학적인 탐구는 무의미하다. 우리가 알 수 있는 것은 그 빛의 존재와 부재뿐이다. 우리는 자신의 마음을 들여다보며 자발적인 행위와 비자발적인 지각을 구분하고, 비자발적인 지각을 온전히 신뢰해야 한다는 사실을 배운다. 자아의 표현이 완벽할 수는 없지만, 그것은 밤과 낮처럼 의심의 여지없는 조화일 뿐이다.

나의 인위적인 행동과 욕심은 방황을 초래할 뿐이다. 우리는 나태한 몽상이나 가장 희미한 원초적 감정도 존중하고 그것에 귀를 기울여야 한다. 사려 깊지 못한 사람은 사실의 논거를 반박하듯 지각의 진술을 반박하는데, 심지어 그것을 하찮은 것으로 무시하기도 한다. 그들은 논거와 지각의 차이를 알지 못하고 물건 고르듯 구경한 뒤 하나를 선택한다. 하지만 지각이라는 것은 변덕스러운 것이 아닌 결정적인 것이다. 만일 내가 현상의 어떤 특질을 본다면 나의 아이들은 내가 보지 못한 것을 보게 될 것이고, 심지어 이전에 아무도 그것을 인식하지 못했다고 해도 시간이 지나면 모든 인류가 그것을 보게 될 것이다. 내가 지각한 인식은 저 하늘의 태양만큼이나 분명한 사실이다.

영혼과 성스러운 영감은 지극히 순수하게 소통하는 존재라서 둘 사이에 개입하는 것은 불경스러운 일이다. 신의 말씀은 한 가지가 아닌 세상 모든 것을 아우르는 것일 터이며, 그 목소리는 세상을 가득 채울 것이다. 현재적인 사유라는 근원으로 빛과 자연, 시간, 영혼 등을 빚어 세상에 뿌릴 것이고, 그것을 통해 새로운 시간을 만들고 새로운 세상을 창조할 것이다. 겸허한 마음으로 성스러운 영감을 받아들이면 옛것은 모두 사라지고, 격식과 스승과 책과 신전은 무의미해진다. 그 영감은 현재를 살면서 과거와 미래를 현재의 시간으로 인도한다. 모든 것은 이러한 원리를 통해 너와 나의 차이를 극복하고 거룩함을 입는다.

세상 모든 것은 자신이 원인이 되어 중심으로 해체된다. 그 보편의 기적 속에서 사소하고 구체적인 기적들은 사라진다. 그러므로 어떤 사람이 신을 안다고 주장하고 신의 말씀을 선포한다고 하면서 다른 나라와 다른 세계의 낡고 부패한 관습으로 당신을 포섭한다면 거기에 미혹되지 않기를 바란다.

도토리는 자신을 빚어낸 모체이자 충만하고 완성된 형태인 참나무보다 나은 존재인가? 부모는 자신의 열매를 넘겨준 자식보다 나은 존재인가? 만일 그렇다면 우리는 과거를 숭배해야 하는가? 지난 세기의 시간들은 영혼의 안온함과 권위를 타파하고자 했던 공모자들이다. 시간과 공간은 인간이 감각으로 인식하는 신체 기능의 느낌일 뿐이지만, 영혼은 빛이다. 빛이 있는 곳은 낮이고 빛이 사라진 곳은 밤이다. 역사는 나의 존재와 생성을 돕는 호쾌한 풍자와 비유일 뿐, 그 이상이 되고자 한다면 그것은 오류와 패착일 뿐이다.

언제나
나아가라

언제나 새로움을 향해 나아가라. 목표를 가지고
비상하는 순간, 인생은 충만해지며 살아 숨 쉰다.

인간은 소심하고 비겁하며 심지어 올바르지도 않다. "나는 이렇게 생각해"라거나 "나는 이런 사람이야"라고 당당히 말하지 못하고 성인이자 현자의 말을 인용할 뿐이다. 그리고 풀잎을 보고, 혹은 피어나는 장미 앞에서 부끄러움을 느낀다. 내 창문 아래 피어난 장미들은 어제의 장미나 더 예쁜 장미를 말하지 않는다. 장미는 있는 그대로 피어 있으며 오늘의 신과 함께 피어 있다. 그들은 시간을 말하지 않는다. 그냥 장미가 있고, 존재하는 모든 순간이 완벽하다.

장미는 잎눈을 피우기 전에 온 생애를 피워 올린다. 활짝 핀 꽃에는 더 이상 필요한 것이 없고, 잎 없는 뿌리에도 더 이상 부족한 것은 없다. 자족하는 장미의 본성은 모든 순간 자연을 충족시

랄프 왈도 에머슨
성공의 법칙

킨다. 하지만 인간은 일을 연기하고 과거를 기억한다. 현재를 살지 않고 과거로 눈을 돌려 지난 일을 한탄한다. 가진 재산에 만족하지 않고 미래를 탐하며 까치발로 서 있다. 인간은 시간을 뛰어넘어 자연과 함께 현재를 살기 전까지 행복할 수 없고, 강건할 수 없다.

분명한 사실은 이것이다. 아무리 명석한 지식인들도 감히 하느님의 말씀을 직접 들으려 하지 않는다. 다윗이나 예레미야, 바울 같은 선지자들을 통하지 않으면 아무것도 듣지 못한다. 우리는 몇몇 책이나 특정 인물의 삶을 금과옥조金科玉條로 받아들여서는 안 된다.

사람들은 때때로 할머니와 가정교사의 말을 마음에 새기는 어린아이와 같다. 그런데 성장하면서 주위에서 만나는 능력과 성품이 훌륭한 사람들을 따르게 된다. 훗날 어른이 되어 희미한 옛 기억을 더듬어보면 과거 어른들이 했던 말이 비로소 이해되고, 그 말의 무게를 받아들일 수 있게 된다. 그리고 이제 필요할 때면 언제든 스스로에게 좋은 말을 해줄 수 있다.

진실한 삶을 살면 진실한 것을 보게 된다. 강한 사람이 강해지는 것은 약한 사람이 약해지는 것만큼 쉽다. 새로운 지각을 받아들일 때는 오래된 쓰레기를 버리듯 아껴둔 보물의 기억도 버릴 수 있어야 한다. 하느님과 함께할 때 우리의 목소리는 시냇물이 속삭이고 보리 이삭이 바스락거리는 소리처럼 달콤할 것이다.

지금까지 한 이야기 가운데 가장 중요한 진실은 아직 말하지 않았다. 어쩌면 말할 수 없을지도 모른다. 우리가 말할 수 있는 것의 최대치는 직관의 아득한 기억뿐이기 때문이다. 내가 말할 수 있는 최선의 근사치는 이것이다. 선(善)이 손에 잡힐 듯하고 생명이 당신 안에 약동한다고 해도, 그 둘은 정해진 수순이나 익숙한 방식으로 만나지 않는다. 그 길에는 선현의 발자국도 없고 타인의 표정도 살필 수 없으며, 누구의 이름도 듣지 못할 것이다. 그 방법과 생각과 지향점은 완전히 낯설고 새로울 것이다. 그 길은 경험과 전례가 무의미한 곳이다. 설사 선현으로부터 무언가를 배운다고 해도 그것을 타인에게 물려줄 수 없다. 앞서 존재했던 모든 이는 소임을 다한 사역자들일 뿐이고, 이제 마주해야 하는 것은 두려움과 희망이다.

희망이란 온전히 좋은 것만 내포한 말이 아니다. 사람이 꿈을 꾸는 시간에는 감사할 일이 많지 않으며, 충만한 기쁨을 만끽할 일도 없다. 하지만 당신의 영혼이 더욱 열정을 불태운다면 자아를 느끼고, 영원한 인과의 법칙을 알게 되고, 진리와 정의를 체득한 자아를 확신할 것이며, 모든 것이 선을 이루는 모습에 평안을 얻을 것이다. 대서양이나 태평양 같은 자연의 위대한 공간도, 몇 년이나 몇 세기의 아득한 세월의 마디도 인간에게 전혀 중요한 것이 아니다. 내가 생각하고 느끼는 지금 이곳은 내 삶과 죽음의 토대이면서 동시에 이전 사람들이 이룩한 삶과 환경의 소산이다.

인생이 의미가 있을 뿐, 살아 있는 자체가 의미를 가지는 것은 아니다. 힘은 멈추는 순간 사라진다. 하지만 과거를 일신하고 새로움을 향해 나아가는 순간, 간극을 넘어서 비상하는 순간, 목표를 향해 진력하는 순간, 인생은 충만해진다. 세상이 부정하고자 하는 한 가지 사실은 이것이다. 영혼이 변질되면 사람들은 과거를 망각하고, 부로 빈곤을 생성하고, 명성으로 수치를 양산하고, 성인과 악당을 혼동하고, 예수와 유다를 동류로 배척한다.

우리는 왜 스스로 우뚝 서는 일을 칭송하는 것일까? 현재를 사는 사람은 생각만이 아닌 실행하는 힘을 가지기 때문이다. 신뢰에 대해 서로 이야기하는 것은 무의미하다. 신뢰를 한 몸에 받는 사람에 대해 이야기하려 해도, 이미 그 사람은 신뢰를 실행하고 그의 행위가 신뢰이기 때문이다. 만약 나보다 나를 더 신뢰하는 사람이 있다면, 그는 손가락 하나 움직이지 않고 나를 지배할 수 있다.

우리는 영혼의 중력이 작동하는 방식에 따라 사람들의 주위를 맴돌아야 한다. 우리는 흔히 어떤 미덕에 대해 이야기할 때 과대포장하곤 한다. 그 미덕의 진정한 가치를 알지 못하기 때문이다. 만일 어떤 사람이나 그 사람이 구성한 집단이 수많은 덕성의 원리를 겸허하고 소박한 마음으로 받아들인다면, 한 도시와 국가는 물론 어떤 왕과 부자와 시인들도 지배하고 움직일 수 있다. 이것은 우리가 고민하는 문제들의 핵심을 관통하는 사실이며, 모든 것을 궁극의 하나로 수렴하는 해결책이다.

스스로 존재한다는 것은 궁극의 원인이 가진 속성이다. 이 궁극의 원인은 선이 구현된 척도에 따라 다양한 하위 형태들을 휘하에 거느린다. 실재하는 모든 것은 자신이 담고 있는 미덕만큼 실재한다. 상업이든, 목축이든, 동물을 사냥하든, 고래를 포획하든, 전쟁을 하든, 그것이 웅변이든, 개인의 가치든, 모든 것은 각자의 존재와 행위를 통해 존중받을 가치를 지닌다.

나는 자연에서도 스스로를 보존하고 갱신하기 위해 이와 동일한 법칙이 작동하는 것을 본다. 자연에서 권력은 본질적으로 옳음의 척도이다. 자연은 스스로를 돕지 않는 이가 자신의 품에 거하는 것을 용납하지 않는다. 행성의 생성과 성숙과 균형과 궤도는 물론 강한 바람으로부터 자기를 건사하는 구부러진 나무와 모든 동식물의 생생한 생명력은 자족하고 자립하는 영혼의 자기 증명이다. 그러므로 모든 것은 자아로 응축된다.

배회하지 말고 자아의 원인을 품고 자아의 집에 머물라. 신성한 사실들의 소박함을 널리 선포하여 그대에게 간섭하는 사람과 책과 단체들을 놀라게 하고 깨닫게 하라. 그대 안에도 신이 있으니 침입자들에게 신발을 벗고 들어오도록 명하라. 우리의 소박함으로 그들을 심판하자. 우리의 타고난 풍요로움을 드러내며 자연과 물질세계의 빈곤함을 증명하자.

무소의
뿔처럼
혼자서 가라

타인의 기분을 맞추기 위해
당신의 자유와 자아를 팔아버릴 필요는 없다.
그보다 나의 본성과 내적 목소리에 귀 기울여라.

우리는 군중에 파묻혀 있다. 사람들은 사람을 존중하지 않는다. 마음을 응시하고 내면의 바다와 소통하라는 조언에 귀 기울이는 대신, 다른 이가 가진 물 한 컵을 구걸하기 위해 바다를 건넌다. 자신의 내면에 성소와 뜰을 두고 있는 자들은 얼마나 고고하고 초연하고 순결한가. 그러니 우리는 스스로에게 의탁해야 한다. 왜 친구나 아내가, 혹은 아버지나 아들이 서로 친밀하다는 이유로, 혹은 피를 나누었다는 이유로 서로의 잘못을 떠안아야 할까?

모든 사람은 나와 같은 피를 가졌고 나도 다른 이들과 같은 피를 가졌다. 그렇다고 해서 내가 그들의 조급함이나 어리석음을 수용하지는 않는다. 당신의 고고함은 도식적인 차이가 아니라 영적인 것, 즉 고양된 정신의 고고함이어야 한다. 때때로 당신은 온 세상이 사소한 일로 당신을 성가시게 하기 위해 음모를 꾸민다고 느낄지도 모른다. 친구와 자녀와 손님이 찾아오고, 질병과 공포와 욕망과 자선가가 문을 두드리며 말할지도 모른다. "와서 우리와 함께해요." 하지만 마음의 평정을 유지하라. 그들의 혼돈 가운데 섞일 필요는 없다. 사람들이 나를 귀찮게 하는 힘은 내가 보인 일말의 관심에서 비롯된다. 내 행위를 통하지 않고는 누구도 나에게 접근할 수 없다. "우리는 모든 사랑하는 것을 욕망으로 인해 잃는다."

순종과 믿음의 성소에 즉시 오를 수 없다면 적어도 눈앞의 유혹은 물리칠 수 있어야 한다. 전장으로 뛰어들어 색슨족^{Saxon}의 가슴으로 용기와 영원을 품은 토르^{Thor}와 오딘^{Odin}을 흔들어 깨우자. 그 서사는 지금 같은 평온한 세상에서 진리를 말하는 것으로부터 시작된다. 세상의 기만적인 안온함과 거짓된 애정을 직시하라. 우리가 얼굴을 마주하는 사람들, 서로 속고 속이는 사람들의 기대에 부응하는 삶을 살지 말라. 그리고 그들에게 이렇게 말하라.

"오, 아버지, 어머니, 여보, 형제, 친구여, 지금까지 내 삶의 외피만을 따라 당신들과 함께했지만, 이제부터 나는 진리의 편에

설 것입니다. 나는 이제 영원한 율법에 미치지 못하는 어떠한 법률도 준수하지 않을 것입니다. 나는 어떠한 약속도 하지 않고, 인간적인 교류만 지속할 것입니다. 나는 부모를 부양하고 가족을 건사하고 한 사람의 충직한 남편이기 위해 노력할 것이지만, 이러한 관계는 전에 없던 새로운 모습이 될 것입니다.

나는 세상의 관습에 항소하는 바입니다. 나는 나 자신이 되어야만 하기 때문입니다. 더 이상 타인을 위해 나를 희생하지 않을 것입니다. 타인을 위해서도 나 자신을 위해서도 더 이상 스스로를 방치할 수 없습니다. 당신이 있는 그대로의 나를 사랑할 수 있다면 우리는 더 행복해질 수 있습니다. 당신이 그럴 수 없다고 해도 당신에게 주어져야 할 모든 몫을 드리겠습니다.

나는 내 생각이나 거부 의사를 숨기지 않을 것입니다. 나는 심오한 것을 거룩하게 여길 것이며, 나를 기쁘게 하고 나를 매혹시키는 것은 무엇이든 해와 달을 증인 삼아 결연히 실천할 것입니다. 당신이 고귀한 사람이라면 나는 당신을 사랑할 것이고, 그렇지 않다면 위선적인 관심을 보이면서 당신과 나 모두에게 해악을 끼치지 않을 것입니다. 당신이 나와 같은 진실함이 아니라면 당신은 당신의 이웃과 함께하시길 바랍니다. 나는 나의 벗들을 찾을 것입니다. 나는 이기적이지 않고 겸허하고 진실하게 내

길을 걸을 것입니다. 우리가 아무리 오랫동안 거짓에 노출되어 살아간다고 해도 진리 안에 거하는 것은 당신과 나와 모든 이의 관심사입니다.

지금 나의 이야기가 가혹하게 들리시나요? 당신은 머지않아 당신과 나의 본성이 가리키는 것을 사랑하게 될 것이며, 우리가 진리를 받아들인다면 그것은 결국 우리를 안식처로 인도할 것입니다."

어쩌면 당신은 친구들에게 상처를 안길 수 있다. 당연한 일이다. 하지만 그들의 기분을 지켜주기 위해 당신의 자유와 자아를 팔아버릴 수는 없다. 게다가 사람은 누구나 절대적인 진리의 영역을 직시하게 되는 이성의 시간을 갖는다. 그때 그들은 비로소 당신을 이해하고 당신과 같은 길을 가게 될 것이다.

사람들은 다수의 표준을 거부하는 당신을 사회의 관습을 배척하는 과감한 도덕 폐기론자라고 여길 것이다. 그러는 사이 뻔뻔한 쾌락주의자들은 자신의 범죄 행위에 철학이라는 이름을 사용할 것이다. 하지만 의식의 법칙은 여전히 존재한다. 우리에게는 두 곳의 고백실이 있고, 당신은 그중 한 곳에서 신과 소통해야 한다. 당신은 직접적인 행위로, 혹은 간접적인 성찰로 당신에게 주어진 일련의 의무를 이행할 수 있다. 아버지나 어머니, 사촌, 이웃, 지역사회, 심지어 개와 고양이의 기분을 고려하고, 누군가가 당신에게 불만을 갖고 있지는 않은지 살피며 사는 것이 그 첫째다. 하지만 나는 어쩔 수 없이 사회적 기준보다는 스스로의 내적 기준을 추종할 것이다. 이것은 두 번째 고백실이다.

당신은 당신만의 엄정한 입장과 완벽한 세계관을 형성하고 있다. 그 속에서는 의무라고 불리는 수많은 직함과 이름이 부정된다. 당신이 그 부담을 감수할 수 있다면 규범과 관습의 억압을 무시할 수 있다. 누구든 이 원리가 믿고 따를 가치가 있는지 의심스럽다면 하루라도 이를 실행해 보라.

절대적
자기신뢰를
위한 원칙

자기 자신을 고수하는 것은 어렵지 않다.
거짓되지 않은 기도를 하고, 나를 잃지 말고,
독창성을 가지며, 세상을 객관적으로 보는 것이다.

당신이 진정으로 인간의 상투적인 마음을 버리고 스스로를
자아의 감독관으로 추대하고자 한다면 당신에게는 신에 버금가
는 덕목이 필요하다. 마음이 고결하고 의지가 충만하며 눈이 맑
을 때, 당신은 진정으로 자신에게 교리가 되고, 사회가 되고, 법이
될 것이다. 무쇠가 타인에게 강력한 힘을 발휘한다면, 당신의 소
박한 지향성은 굳건한 지침이 될 것이다.

누구든 이 유별난 세상이 만들어낸 현실을 고민한다면, 윤리
적인 가치의 필요성을 느낄 것이다. 사람들은 심신의 힘을 억압
당한 채 소심하고 낙심한 사람이 되어 신음하고 있다. 진실과 운
명, 죽음을 두려워하고, 심지어 서로를 두려워한다.

이 시대는 위대하고 순결한 위인을 잉태하지 못한다. 우리는

우리의 삶과 사회의 정신을 일신할 사람을 고대한다. 하지만 사람들의 본성은 파산 상태고, 욕구는 거세당했으며, 능력에 맞지 않는 야망을 실현하고자 끊임없이 투정하고 구걸한다. 그들의 일상은 비굴하고, 일과 예술, 직업, 결혼, 종교 등 모든 것은 자신의 것이 아닌 사회가 떠안긴 것이다. 그들은 거실에 몸을 숨긴 군인들이다. 강인한 사람으로 거듭나는 운명의 험난한 싸움으로부터 피신한 자들이다.

젊은이들은 자신의 첫 사회생활을 실패하면 깊이 절망한다. 자신의 삶이 통째로 실패했다고 말한다. 최고의 수재가 대학을 졸업하고 1년 내에 보스턴이나 뉴욕의 사무실에 출근하지 못하면 자신과 친구들에게 절망감을 토로하며 남은 삶을 비관하는 일도 흔하다.

뉴햄프셔나 버몬트에서 뛰어놀던 젊은이는 다양한 직업을 두루 경험하는데, 단체를 조직하고, 농장 일을 하고, 노점도 하고, 학교에서 일하기도 하고, 가르치기도 하고, 신문 편집도 해보고, 의회에도 진출하고, 지역사회도 운영하는 등 여러 분야에서 경험을 쌓는다. 이 모든 일을 수행하면서 언제나 고양이처럼 발을 디디며 나아가는 이들은 도시의 나약한 인형들보다 몇백 배 훌륭한 사람들이다. 그는 자신의 시대와 함께 걸으며, 고등교육을 받지 않았다는 것에 부끄러움을 느끼지 않는다. 왜냐하면 그는 자신의 삶을 방치하지 않고 이미 '살아내고' 있기 때문이다. 그러한 사람에게는 한 번의 기회가 아닌 백 번의 기회가 있다. 스토아의 지혜가 모두의 잠재력을 일깨워서 인간이란 몸을 늘어뜨린 버드나무가 아닌 우뚝 서는 존재라는 것을 깨닫게 해야 한다.

또한 우리는 자기신뢰를 굳건히 하여 새로운 힘을 얻어야 한다는 것과 인간은 실현된 언어이니 치유된 세상을 실현하기 위해 태어났다는 것을 알아야 한다. 자신을 향한 연민을 부끄러워해야 하며 자신에게서 감화받아 행동하는 순간 법률과 책과 우상과 풍습이 무의미해지고 연민 대신 감사와 존중의 마음이 샘솟는다는 것을 배워야 한다. 이 모든 것을 설파하는 스승들은 우리의 삶을 찬란히 회복시키고 각자의 이름을 각자의 역사에서 빛나게 할 것이다.

철저하게 홀로 설수록 모든 역할과 관계에 더욱 혁명적인 변화를 추구할 수 있다는 사실을 우리는 알 수 있다. 종교와 교육에서, 삶의 목적과 방식과 조직에서, 그리고 부를 축적하거나 사색을 하는 데 있어서도 마찬가지다.

1. 사람들은 어떤 기도를 하는가? 그들이 말하는 거룩한 기도

제목들은 용감하거나 씩씩한 것이 아니다. 그들은 먼 곳을 바라보고 기도하며, 먼 곳에서 자비가 도래하여 먼 이국에까지 작용이 가해지기를 바란다. 때문에 자연과 초자연의 사이에서, 중개와 기적의 끝없는 미로를 헤매다가 결국 길을 잃는다.

모든 선한 일이 아닌 특정한 것을 갈망하는 기도는 사악하다. 기도는 가장 고양된 정신으로 자신의 삶을 묵상하는 일이다. 그 삶을 주시하고 기뻐하는 영혼의 독백이다. 하지만 사적인 목적을 이루기 위한 수단이 되는 기도는 저열하고 비루하다. 그러한 기도는 자연과 의식의 합일이 아닌 분열을 가정한다. 누군가 신과 하나가 되었다면 구걸하지 않을 것이다. 그의 모든 행위는 기도가 될 것이다. 땅을 고르기 위해 무릎을 꿇는 농부의 기도와 노를 젓기 위해 몸을 숙인 노꾼의 기도야말로 비록 사사로운 목적을 위한 것이라고 해도, 자연 전체에 울려 퍼지는 참된 기도이다.

존 플레처*John Fletcher*의 희곡 〈본두카*Bonduca*〉에 등장하는 카라타크*Caratach*는 오데이트*Audate* 신의 심중을 묻는 질문에 이렇게 답했다. "신의 숨겨진 뜻은 우리의 노력에 달려 있다. 용기는 우리의 가장 훌륭한 신이다."

또 다른 거짓스러운 기도는 우리의 후회다. 만족스럽지 못하다는 것은 스스로에게 도달하지 못했다는 것이고, 또한 의지가 부족했다는 뜻이다. 후회하는 것으로 재난당한 이들을 도울 수 있다면 그렇게 하라. 하지만 그렇지 않다면 자신의 일에 집중하는 것이 좋다. 연민의 감정 또한 천박하다. 몽매한 슬픔에서 헤어나지 못하는 이들과 앉아 함께 울기보다는 거센 전기 충격과도 같은 진실과 강건함을 통해 그들이 새로이 이성과 소통하도록 돕는 것이 옳다.

행운의 비밀은 가까이 있는 것에서 오는 기쁨이다. 신에게도 인간에게도 영원히 환영받는 사람은 스스로 돕는 사람이다. 그 사람에게는 모든 문이 저절로 열리고, 모든 혀가 인사하며, 모든 영예가 면류관이 되고, 모든 눈이 그를 원한다. 우리의 사랑은 그 사람에게 나아가 그와 어우러진다. 그가 사랑을 구걸하지 않기 때문에, 자신의 길을 묵묵히 걸으며 타인의 비난에 초연하기 때문에, 우리는 간절하고도 미안한 마음으로 그를 위로하고 또 축하한다. 사람들이 그를 미워하기 때문에 신들은 그를 사랑한다.

조로아스터^{Zoroaster}는 이렇게 말했다. "신들은 인내하는 사람에게 먼저 나타나신다." 인간의 기도가 의지의 질병이라면 인간의 믿음은 지성의 질병이다. 사람들은 어리석은 이스라엘 백성들처럼 이렇게 말한다. "모세에게 이르되 당신이 우리에게 말씀하소서 우리가 들으리이다 하느님이 우리에게 말씀하시지 말게 하소서. 우리가 죽을까 하나이다(출애굽기 20장 19절 — 옮긴이)."

나는 어느 곳에서든 다른 신도의 내면에 있는 하느님을 만나
기 힘들다. 그는 자신의 성전 문을 닫은 채 다른 신도들의 이야기
나 지인의 지인이 만난 하느님에 대해서만 이야기하기 때문이
다. 새로운 마음은 언제나 새로운 인식의 틀이 된다. 만일 그 마
음이 존 로크*John Locke*, 앙투안 라부아지에*Antoine Lavoisier*, 제임스 허
튼*James Hutton*, 제러미 벤담*Jeremy Bentham*, 샤를 푸리에*Charles Fourier*와
같은 비범한 이들의 연구와 능력을 통해 나타난다면, 그것은 타
인에게 새로운 인식의 틀과 새로운 삶의 틀을 제공한다. 사유가
깊어지고 배움이 확장되어 자기 것으로 소화하는 것이 많아질수
록 만족스러운 삶을 살게 된다. 이러한 양상은 신앙과 교회에서
가장 명확히 드러난다. 신을 향한 신실한 마음은 인간과 신의 관
계이면서 동시에 일정한 의무감을 담보하는 강력한 마음의 틀이
기 때문이다. 칼뱅주의*Calvinism*, 퀘이커교*Quakerism*, 스베덴보리파
*Swedenborgism*가 그 예다.

식물학을 처음 배우는 소녀가 새로운 땅과 새로운 계절에 기
뻐하듯, 모든 것을 새로운 용어로 분류하고 새로운 법칙에 적용
시키며 환희를 느낀다. 그들은 곧 스승의 내면을 탐구하면서 자
신의 지적 능력이 성장했음을 느끼는 시기를 맞이할 것이다. 하

랄프 왈도 에머슨
성공의 법칙

지만 편향성이 깊어진다면 그만큼 스승의 관점은 우상의 길이 되고, 활용하고 넘어서는 수단이 아니라 그 자체가 목적이 된다.

그들에게 인식의 틀 따위는 우주의 틀과 함께 먼 지평선 너머에서 아른거릴 뿐이다. 그들에게는 천체의 수많은 별들이 신이 만든 거대한 아치 장식처럼 보인다. 그들은 당신 같은 이방인이 어떻게 그것을 볼 권리를 가졌는지, 어떻게 그것을 보고 있는 것인지 이해하지 못한다. 심지어 '자신들의 빛을 모종의 방법으로 훔친 것이 아닐까' 생각한다.

그들은 빛이 무엇도 차별하지 않고 어디에도 굴복하지 않으며 어느 누추한 오두막도, 심지어 그 때문에 그들의 거소도 밝혀 준다는 사실을 알지 못한다. 빛이 자신들 것이라고 그들 마음대로 되뇌도록 두자. 만일 그들이 정직하고 온당하게 행위한다면, 그들이 구축한 새 울타리는 금세 너무 좁고 낮아질 것이며, 금이 가고 기울고 썩어 넘어질 것이다. 그리고 영원의 빛은 생동하는 환희 가득한 태초의 아침 빛이 되어 백만 개의 궤도와 백만 가지 색깔로 우주를 비출 것이다.

2. 교육받은 미국인들이 이탈리아와 영국과 이집트에 매료되어 그곳을 최고의 여행지로 꼽는 것은 자기 수양이 부족하기 때

문이다. 영국과 이탈리아, 혹은 그리스가 내적인 존엄을 부여받은 것은 그곳 사람들이 대지의 축처럼 자신들의 영토에 굳건히 자리를 잡았기 때문이다. 험난한 시간들 속에서 사람들은 자신들의 의무가 곧 자신들이 딛고 선 영토라고 느낀다. 영혼은 여행자가 아니다. 현명한 사람은 자신의 거처에 뿌리를 내린다. 그는 필요한 일이나 해야 할 일이 있어 외국에 머문다고 해도 여전히 집에 있는 듯하며, 주변에 지혜와 덕성을 전파하며 깨달음을 줄 것이다. 도시를 방문하고 사람을 만나면서도 그는 방문자나 시종의 모습이 아닌 군주처럼 당당할 것이다.

나는 예술과 학업과 자선을 목적으로 세계를 여행하는 일을 반대하지 않는다. 다만 그 사람이 자신의 내면을 단단히 하기를 바라며, 자신이 알지 못하는 위대한 것을 찾으려는 욕망만으로 해외로 나가지 않기를 바란다. 즐기기 위해서 여행하는 사람이나 자신이 가지지 못한 것을 얻기 위해 여행하는 사람은 자아를 두고 떠돌 뿐, 그러한 이들은 아무리 젊은 사람이라고 해도 옛것을 구경하다가 늙어버린다. 고대의 테베와 팔미라에서 그의 의지와 마음은 황폐해진다. 그것은 폐허에 또 다른 폐허를 덧붙이는 일이다.

여행은 어리석은 자의 낙원이다. 첫 번째 여행에서 우리는 여행지의 무심한 모습을 본다. 출발하기 전에는 나폴리와 로마에 도착하면 아름다운 풍경에 넋을 잃을 것이고 우울한 감정에서도 벗어날 것이라고 기대한다. 여행 가방을 꾸려 친구들과 작별하고 바다를 건너 마침내 나폴리에 도착하지만, 우리에게는 떨쳐낼 수 없는 사실이 따라다닐 뿐이다. 내가 두고 온 우울한 나, 나를 힘들게 하던 한결같은 내가 옆에 서 있다. 바티칸과 궁전들을 둘러본다. 풍경과 영감에 도취되고자 하지만 실제로 그런 일은 벌어지지 않는다. 자아라는 거인은 어디를 가든 따라붙는다.

3. 여행에 대한 갈증은 마음 깊은 곳에 웅크린 건강하지 못한 마음에서 비롯된 것이다. 그리고 그 마음은 그 사람의 전반적인 지적 활동에 영향을 미친다. 인간의 지성은 이미 방랑자이지만 우리의 교육 시스템은 그 불안함을 가중한다. 우리의 몸이 집에 있어야 할 때도 마음은 여행을 떠난다.

인간은 모방하는 존재다. 그 모방이 바로 마음의 여행이 아니고 무엇일까? 우리의 집들은 먼 이국의 취향으로 지어졌다. 선반에는 외국의 장식품으로 가득하고, 우리의 의견과 취향과 습성은 과거나 이국을 추종한다. 인간의 영혼은 자신들이 번성한 곳마다 예술을 꽃피웠다. 그 예술은 예술가가 이상으로 추구한 자기 마음의 모양이다. 그 모양은 그렇게 되고자 한 것이고 스스로 지키고자 한 조건의 결과이다. 그런데 왜 우리가 도리아와 고딕 양식을 모방해야 하는가? 아름다움과 유용함, 웅대한 사고, 기발한 생각 등은 어떤 것보다 우리 가까이에 있다. 만일 미국의 어느 건축가가 집을 지으면서 애정 가득한 소명을 품고, 기후와 토양과 밤낮의 길이를 살피고, 사람들의 욕구와 정부의 규제와 지침을 정확히 고려하여 자신이 할 바를 다 한다면, 그는 모든 것이 조화롭고 사용자의 취향과 감성도 충족시키는 집을 지을 수 있을 것이다.

타인을 모방하지 말고 당신 자신을 고수하라. 당신의 전 생애가 일구어온 응축된 힘인 당신이라는 매 순간의 선물을 소중히 간직하라. 다른 사람의 재능을 모방한다면, 임시변통의 행위는 그 사람의 절반에 불과하다. 우리 각자가 가장 잘할 수 있는 일은 창조주 외에는 알려주지 못한다. 누구도 어떤 일이 최선인지 그 일을 완수할 때까지는 알 수 없다. 셰익스피어를 가르쳐줄 스승은 어디에 있는가? 프랭클린과 워싱턴, 베이컨, 뉴턴을 가르쳐줄 스승은 또 어디에 있는가?

스키피오가 보여준 '스키피오니즘*Scipionism*'은 다른 이에게서 모방한 것이 아니었다. 셰익스피어는 셰익스피어를 공부한다고 해서 얻을 수 있는 게 아니다. 우리는 자신에게 주어진 일을 해야 한다. 너무 많은 일은 할 수도 없고, 욕망할 필요도 없다. 당신은 지금 이 순간 조각가 페이디아스*Pheidias*의 거대한 끌이나 이집트 인들의 흙손을 움직일 수 있고, 모세나 단테의 일갈을 내지를 수도 있다. 물론 그들의 것이 아닌 당신 자신의 것으로 말이다.

영혼은 부유한 달변가이며 천 개로 갈라진 혀로 말하지만, 결코 자신을 반복하지 않는다. 하지만 당신이 이 영험한 존재가 말하는 것을 들을 수 있다면 당신도 같은 목소리와 발성으로 답할 수 있다. 왜냐하면 귀와 혀는 같은 본질이 운신하는 신체 기관이기 때문이다. 자신의 삶을 소박하고 고귀한 영역에 머물게 하고 마음의 소리에 귀를 기울여라. 그러면 고대의 영광을 그대가 재현할 수도 있을 것이다.

4. 우리의 종교와 교육과 예술이 외부를 바라볼 때, 우리의 정신도 바깥만을 내다본다. 모든 사람이 사회의 발전을 자랑스러워하지만, 실제로 발전하는 사람은 없다. 세상은 결코 발전하지 않는다. 한쪽에서 얻는 것이 있으면 다른 쪽에서 잃는다. 이러한 변화는 끊임없이 일어난다.

야생의 시대가 문명화되고, 기독교가 전해지고, 경제가 부유해지고, 과학이 확산됐지만 그 변화는 발전이 아니다. 한 가지 일이 발생하면 다른 일도 벌어진다. 세상에 새로운 기술이 발전하면 오래된 본능이 쇠퇴한다. 필기도구와 고액권을 주머니에 찔러넣은 잘 차려입은 신사나 책을 읽고 글 잘 쓰는 사려 깊은 미국인과 몽둥이와 창과 돗자리를 재산으로 가진 문명 주택 20분의 1 크기의 단칸집에서 사는 벌거벗은 뉴질랜드 원주민 사이에는 얼마나 큰 간극이 있는가.

하지만 두 사람의 건강을 비교한다면, 백인들이야말로 태초부터 가졌던 힘을 잃어버렸다는 사실을 알 수 있다. 만일 누군가 진실을 알고 있다면 이렇게 진술할 것이다. 한 원주민이 커다란 도끼로 공격을 받는다고 해도 하루 이틀 안에 살이 오르고, 날아든 둔기에 맞은 타박상처럼 점차 아물 것이다. 하지만 같은 충격을 백인이 받는다면 즉시 사망할 것이다.

문명인은 마차를 만들었고 덕분에 발을 사용하는 빈도가 줄었다. 때때로 목발을 사용하여 도움을 받기도 하지만, 대체로 근육의 발달은 저하된다. 그는 멋진 스위스 시계를 차고 있지만 태양을 보고 시간을 가늠하는 능력은 잃었다. 필요할 때마다 그리니치 천측 달력을 사용하는 저 사람은 하늘의 별자리를 알지 못한다. 동지冬至가 되어도 관심 없고, 춘분春分이 되어도 알지 못한다.

1년 내내 환하게 빛나는 태양도 그의 마음속 달력에는 존재하지 않는다. 그의 노트는 그의 기억력을 감퇴시키고, 도서관은 그의 재치를 억누른다. 보험회사가 늘면 사고 수도 증가한다.

자동화된 삶이 우리 삶에 어떤 영향을 미쳤는지에 대해서도 고민해볼 필요가 있다. 편리함을 얻은 대신 어떤 활력을 잃었는지, 기독교로 인해 야성적인 덕*virtue*의 생동을 잃지는 않았는지 말이다. 스토아 철학자들은 모두 스토아 철학의 구현자였다. 그런데 기독교 세계에 기독교인은 어디에 있는가?

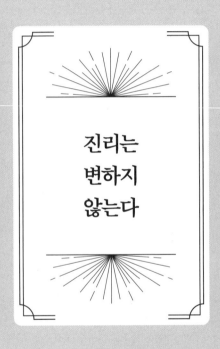

진리는
변하지
않는다

모든 힘이 자신의 내면에 있다는 사실을 믿고 외부에서
찾지 말라. 오직 나의 두 발로 굳건하게 땅을 딛고 서라.

길이와 부피의 기준이 달라지지 않는 것처럼 도덕의 기준도
변하지 않는다. 과거의 어느 때보다 위대한 사람이 없다. 고대와
현대의 위대한 사람들에게는 특별한 공통점이 보인다. 19세기의
모든 과학, 예술, 종교, 철학을 동원해도 2,300~2400년 전 플루타
르코스 영웅들보다 더 위대한 인간을 길러내지는 못한다.

인류는 시간에 따라 진보하지 않는다. 포키온*Phocion*, 소크라테
스, 아낙사고라스*Anaxagoras*, 디오게네스*Diogenes*는 위대한 인물이지
만 특정 집단을 대표하지 않는다. 실제로 그들과 같은 무리를 이
루었던 사람은 그들의 이름으로 불리지 않았을 것이다. 오직 자
신의 이름으로 불리며 스스로 당파의 창시자가 되었을 것이다.

각 시대의 예술과 결과물들은 당대의 의상일 뿐 그것이 인간

을 생동하게 하지는 못한다. 기계를 발전시켜 얻게 된 손해는 이득을 압도하기도 한다. 헨리 허드슨*Henry Hudson*과 비투스 베링*Vitus Bering*은 자신들이 만든 어선으로 첨단 기술로 무장한 윌리엄 패리*William Parry*와 존 프랭클린*John Franklin*을 놀라게 했고, 마침내 위대한 업적을 이루었다. 갈릴레오는 작은 오페라 글라스로 이후 등장한 어떤 과학자보다 빛나는 천체의 현상들을 발견했고, 콜럼버스는 보잘것없는 배로 신대륙을 발견했다. 수년 전, 혹은 수백 년 전에 엄청난 환호 속에 등장한 기계와 장치들이 이후 사용되지 않고 폐기되는 사례를 보면 기이한 느낌마저 든다.

인간의 위대한 정신은 인간의 본질로 수렴된다. 우리는 과학의 발전으로 전쟁의 기술도 진보했을 것이라 생각한다. 하지만 나폴레옹은 야영을 전법으로 활용하여 유럽을 정복했다. 용기를 북돋는 데 방해되는 것을 모두 제거하고, 오로지 용맹함으로 승부했다. 프랑스 역사가 라 카스*Las Cases*는 이렇게 언급한 바 있다. "우리는 무기와 탄약, 보급창, 마차 등을 모두 버리고 나서야 제대로 된 로마의 병법을 실행할 수 있었다. 병사들은 옥수수를 배급받고 맷돌을 갈아 자신의 빵을 직접 굽기 시작했다."

세상은 파도와 같다. 파도는 앞으로 물결치지만 물결을 이루는 물의 움직임은 그렇지 않다. 같은 물 분자가 계속해서 꼭대기

랄프 왈도 에머슨
성공의 법칙

로 솟구치는 것은 아니다. 단지 그렇게 보일 뿐이다. 한 나라를 세운 사람이 흐르는 세월과 함께 사라지면, 그들의 행적도 자취를 감춘다. 그러니 자아를 재산에 의탁하거나 그 재산을 보호해주는 정부에 기대는 것은 스스로 서는 힘이 결핍되었음을 자인하는 일이다.

사람들은 오랜 시간 자기 자신에게로 향할 시선을 재물로 옮겨 집중했고, 종교와 학교, 정부 기관을 재물을 담보해줄 기관으로 여겼다. 그래서 이들에 대한 비판을 마치 자신의 재산권 침해로 여겨 필사적으로 방어해왔다. 그들은 서로가 누구인지보다 상대가 무엇을 가졌는가에 따라 정체성을 확인한다.

하지만 교양 있는 사람은 자신의 본성을 직시하기 때문에 자신의 부를 부끄러워한다. 특히 자신이 가진 부가 행운의 결과라고 생각하는 사람일수록 더욱 그러하다. 상속이나 증여, 혹은 범죄에 의한 것이라면 그 재산을 경멸할 것이다. 자신의 소유가 아니라고 느낄 뿐 아니라 자신이 소유해서는 안 되며, 소유권의 근거도 없다고 생각한다. 단지 아무도 빼앗아가지 않기에 그저 잠시 맡아놓을 뿐이다. 그러나 누군가 자신의 필요에 따라 취득했다면 그렇게 얻은 것은 진정한 소유권이다. 그 소유권은 왕권이나 군중, 혁명, 화재, 폭풍, 혹은 파산으로부터 구애받지 않으며,

그가 숨쉬는 곳에서 언제나 새롭게 만들어진다. 칼리프 알리^{Caliph}
^{Ali}는 말했다. "그대의 운명과 몫이 그대를 찾고 있으니, 그대는 그
것을 찾으려 애쓰지 말라."

외적인 대상에만 관심을 두다 보면 노예처럼 수치에 몰두하
게 된다. 정당들은 대규모로 집회를 개최하는데, 언제나 드넓은
장소에 모여 온갖 정책을 제시한다. "에식스 대의원 여러분!", "뉴
햄프서 민주당원 여러분!", "메인 주 당원 여러분!" 하고 외치는 소
리를 들으면, 새로 합류한 애국 동지들은 수천 명의 표정과 손짓
과 발짓을 보며 자신의 집단이 더욱 강력해졌다고 믿는다. 소장
파 개혁가들도 대회를 조직하여 다수결로 투표하고 의결한다.

하지만 동지들이여, 하느님은 그러한 방식으로 당신들 내면
에 찾아오지 않을 것이며, 오히려 반대의 방법이 나을 것이다. 사
람이 강해지고 승리하는 것은 오직 외부의 지지를 끊고 홀로 서
있을 때이다. 다른 이들이 당신을 편들수록 당신은 나약해질 것
이다. 어떤 도시보다는 한 사람이 귀하지 않은가? 사람에게 아무
것도 요구하지 말라. 끊임없는 변화 속 주변의 것으로부터 당신
을 지지해줄 확고한 기둥은 오직 당신 자신뿐이다.

모든 힘이 자신의 내면에 있다는 사실을 알고, 그것을 외부에
서 찾아서 자신이 약해졌음을 깨달은 사람은 주저 없이 자신의 내

랄프 왈도 에머슨
성공의 법칙

면을 들여다보고, 자신을 바로잡으며, 몸과 마음을 가다듬는다. 그리고 온몸을 움직여 기적을 행한다. 머리로 땅을 지탱하는 사람보다는 두 발로 땅을 딛고 선 사람이 굳건하다.

행운이라 불리는 모든 것을 그대의 것으로 만들라. 사람들은 행운의 바퀴를 굴리면서 도박을 벌이다가 전부를 얻거나 혹은 전부를 잃는다. 하지만 당신은 이러한 득실을 부당한 것으로 여겨야 한다. 그리고 신의 뜻인 인과因果의 법칙을 받아들여야 한다. 자신의 의지에 따라 일하고 그 결과를 얻으라. 그러면 당신은 행운의 바퀴를 멈추고 운명의 가변성을 포박한 뒤 근심 없는 안식을 취하게 될 것이다.

정치가 바로 서고, 임대료가 적당해지고, 병이 회복되고, 떠난 친구가 돌아오고, 그 밖에 여러 좋은 일이 생기면 당신의 영혼이 위로받는 느낌이 들 것이며, 좋은 시절이 도래했다고 생각하게 될 것이다. 하지만 그 모든 것을 절대적으로 믿어서는 안 된다. 당신 자신 외에 그 무엇도 당신에게 평화를 가져다주지 못한다. 원칙이 승리하는 것 외에는 아무것도 당신에게 평화를 가져다주지 못한다는 걸 잊지 마라.

Ralph Waldo
Emerson

※

The Law of
Success

2

나의 생각과
행동이
나를
결정한다

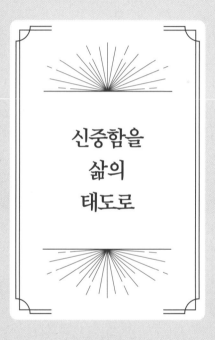

신중함을
삶의
태도로

신중함은 감각의 미덕이다.
우리가 가져야 할 삶의 태도 그 이상으로 여기고
신체의 욕구와 대화하는 미덕의 도구로 여겨야 한다.

신중하지 못하고 심지어 그것에 부정적이기까지 한 내가 신중함을 논할 자격이 있을까? 내가 생각하는 신중함은 어떤 것을 회피하거나 그것 없이 견디는 일이어서, 나는 수단과 방법을 마련하는 일에도, 능수능란하게 조정하는 일에도, 원활한 대책을 마련하는 일에도 능하지 않다. 나는 돈을 적시에 투입하는 실력도 없고, 경제 문제에도 안목이 없으며, 내 정원을 둘러보는 사람은 내가 남의 정원에만 관심이 있다고 생각할 정도로 소질이 없다. 그러나 나는 사실을 사랑하고, 미숙한 사람과 지각없는 사람을 싫어한다. 그래서 나는 시나 거룩함을 주제로 글을 써야 할 터인데, 그렇다면 신중함에 대해 쓴다고 해도 크게 무리가 되지는 않을 것이다.

우리는 경험한 것뿐 아니라 열망이나 적대감을 매개로 글을 쓰기도 한다. 우리는 우리가 소유하지 않은 자질을 꿈꾼다. 시인은 활기와 재치 있는 사람을 존경한다. 상인은 아들을 목사나 변호사로 키우려 한다. 누군가 허영심이 없고 이기적이지 않다면, 그는 동기부여를 통해 그가 갖지 못한 것을 취할 수 있을 것이다. 내 경우는 사랑과 우정이라는 훌륭한 언어를 다소 거친 언어로 균형을 맞추지 않는다면 정직하지 못한 일이 될 것이다. 내 감각은 현실적이고 지속적이며, 나는 그것에 겸허히 순응하고자 한다.

신중함은 감각의 미덕이다. 그것은 외양의 과학이며, 내적인 삶의 가장 외적인 행위이다. 신이 소^牛를 생각하는 것과 같고, 물질을 물질의 법칙대로 움직이게 한다. 또 그것은 신체의 조건에 순응하는 일이며, 지성의 법칙에 따라 마음의 건강을 도모하는 일이다.

감각의 세계는 표현의 세계이다. 그것은 그 자체로 존재하지 않고, 상징적인 성격을 갖고 있다. 진정한 신중함이나 표현의 법칙은 다른 법칙들과 공존하는 현실을 인정하고 자신의 직책이 부차적이라는 사실을 인정한다. 그것은 작용하는 중심이 아닌 표면이라는 사실을 알고 있다. 신중함은 따로 떼어놓으면 옳지 않은 선택이 될 수 있다. 하지만 현실에서 신중함이 자연스럽게 실천

될 때, 혹은 겸허한 감각이 자연의 법칙에 부응할 때 그것은 올바르고 마땅하다.

세상을 이해하는 관점은 수없이 다양할 것이다. 지금 논의하는 주제와 관련해서는 세 가지 단계를 생각해보면 충분하다. 첫 번째 단계는 건강과 부를 최종 목적으로 여기며 상징의 유용성에 초점을 두는 것이다. 두 번째 단계는 그보다 높은 수준에서의 상징적인 아름다움을 추구하는 것으로, 시인이나 예술가, 과학자, 자연주의자와 같은 이들이 그 주인공이다. 세 번째 단계는 상징의 아름다움에서 상징된 아름다움으로 나아간다. 이들은 지극히 현명한 사람들이다. 첫 번째 단계에는 상식이 있고, 두 번째 단계에는 취향이 있고, 세 번째 단계에는 영적 지각이 있다. 오랜 시간이 흐르고 누군가는 이 총체적인 경험을 체현하게 된다. 그는 상징을 직시하고 아름다움에 대한 명료한 시선을 가지는 사람으로, 자연이 생동하는 신성한 곳에 집을 짓고 헛간을 마련하기보다 그곳에 머물며 도처에 놓인 신의 광채를 느끼고 향유할 것이다.

세상은 마치 우리가 미각, 후각, 촉각, 시각, 청각 외에 다른 능력은 전혀 없는 것처럼 물질에 대한 저급한 격언과 강령과 전략들로 가득 차 있다. 비용 대비 이익을 숭배하는 이들은 기부나 증여, 대여 등의 활동에 관심이 없으며, 모든 일에 있어서 단 한 가지 질문만 한다. "그것이 빵을 가져오는가?" 하지만 그것은 마치 피부가 두꺼워져서 중요한 신체 기관이 파괴되는 병과 같다.

문화는 겉으로 보이는 세계의 고귀한 기원을 드러내어 목표를 향해 나아가는 인간의 온전함을 촉구한다. 그래서 건강이나 육체적 생명과 같은 다른 모든 것을 수단으로 활용한다. 그리고 신중함을 삶의 태도가 아니라 신체나 신체의 욕구와 대화하는 지혜와 미덕의 도구로 여긴다. 그래서 교양 있는 사람들은 자신이 일군 재산이나 시민적이고 사회적인 성취, 개인적인 영향력, 우아하고 당당한 연설 등을 자신이 함양한 정신 에너지의 증거로서의 가치로 이야기한다.

만일 어떤 사람이 삶의 균형을 알지 못한 채 사업이나 쾌락에 몰두한다면 그는 좋은 바퀴나 좋은 도구일 수는 있겠지만 교양 있는 사람은 아니다. 감각을 최고 결정권자로 만드는 거짓 신중함은 바보와 겁쟁이가 선호하는 것이자, 모든 희극의 주제이다. 그것은 자연이 건네는 농담이고 그래서 문학의 영역이 되기도 한다.

진정한 신중함은 내면과 현실 세계에 대해 그것이 가지는 권위를 인정하는 것으로, 관능주의의 독주를 제어할 수 있어야 한다. 이러한 사실을 깨닫게 되면 세계의 질서는 물론 사건과 시간의 원리와, 그와 관련된 다양한 부차적인 일에도 관심을 갖게 될 것이다. 왜냐하면 우리의 존재는 태양이나 달의 운행과 그것이 만든 각종 절기들과도 밀접한 관련을 맺고 있고, 기후와 국경도 민감하게 살펴야 하며, 사회적인 선과 악에도 적절히 부응해야 하고, 좋은 것을 좋아하는 대신 배고픔과 추위와 빚을 피하고자 하기 때문이다. 이러한 경험들을 통해 우리는 다양한 교훈을 얻는다.

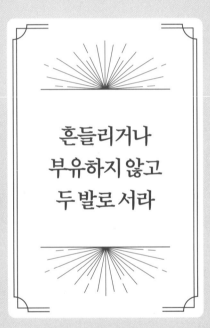

흔들리거나
부유하지 않고
두 발로 서라

생명이 없는 물체도 무게 중심이 없으면 비틀거린다.
그러니 나만의 무게 중심을 가져야 한다.
그래야 흔들리지 않을 수 있다.

신중함은 무지한 말투로 자연이 어디서 왔는지 묻지 않는다. 그것은 인간이라는 존재가 자신에게 귀속되는 세상의 법칙을 있는 그대로 받아들이고, 각자에게 적합한 선을 향유할 수 있도록 돕는다. 그것은 시간과 공간, 기후, 욕구, 수면, 양극의 원리, 그리고 성장과 죽음의 원리를 존중한다.

하늘의 위대한 형식주의자인 태양과 달은 사방에 흩어진 자신의 존재 각각에 속도와 주기를 부여하며 운행한다. 여기에는 완고한 물질성이 놓여 있으며, 화학적 법칙에도 어긋나지 않는다. 이곳에 내던져진 지구가 있다. 그것은 자연법칙으로 엮여 있고, 국가라는 구획과 속성으로 구분되어 있으며, 입주한 거주자들에게 일정한 제약을 가한다.

우리는 저 들판을 일구어 쌀과 빵을 먹는다. 주변에 불어오는 공기를 호흡하며 살고, 때로는 너무 춥거나 덥고, 너무 건조하거나 습한 공기로 인해 해를 입는다. 그토록 공허하고 불가분하며 신성한 것처럼 느껴지는 시간은 조각나고 하찮고 무가치한 존재가 된다. 우리는 문을 칠해야 하고 자물쇠를 고쳐야 한다. 식량과 소금이 필요하고 집에 연기가 나거나 머리 아픈 상황도 발생한다. 세금을 내야 하고, 마음도 머리도 없는 사람과 거래도 해야 하며, 과거에 했던 상처 입은 대화나 거북스러웠던 대화도 수시로 기억난다. 이 모든 것이 시간을 잡아먹는다.

우리가 최선을 다하더라도 여름에는 파리가 생긴다. 수풀을 걸으면 모기에 물릴 것이고, 낚시를 하러 간다면 비를 맞을 수도 있다. 기후는 게으른 사람에게 큰 방해가 된다. 날씨에 신경 쓰지 않으려 해도 여전히 구름과 비를 걱정해야 한다.

우리는 이렇게 사소한 경험들을 통해 교훈을 얻는다. 단단한 토양과 네 달 동안 내리는 눈은 북반구 사람들을, 미소 같은 열대 기후를 즐기는 열대 지방 사람들보다 현명하고 강인하게 만든다. 열대 섬에 거주하는 사람들은 언제나 자유로이 거닐 수 있다. 밤에는 돗자리 위에서 달빛을 받으며 잠을 자고, 자연은 성스러운 기도 없이도 그들에게 아침 식사를 내어준다. 북쪽에 사는 사람들은 집을 지어 산다. 그들은 끓이고 굽고 절여서 음식을 보존해야 하며, 이를 위해 나무와 석탄을 구비한다. 이렇게 노력할 때마다 자연과 새로운 교감을 이룬다.

자연과 무한한 지혜를 공유하는 이들은 언제나 남쪽 사람들에 비해 우월한 능력을 보여왔다. 이러한 사실은 지식이 많은 사람에게도 중요한 시사점을 던진다. 그래서 많은 것을 아는 사람이라도 이 문제에 대해 고민해볼 필요가 있다. 그에게 손이 있다면 만져보고, 눈이 있다면 모양을 구별해보고, 화학이나 자연사, 경제 등의 지식을 받아들이고 모아볼 필요가 있다. 인간은 더 많이 알고 가질수록 덜 아끼게 된다.

시간은 언제나 우리에게 각자의 가치를 누릴 기회를 준다. 자연스럽고 순수한 행위에서는 지혜가 흘러나오기 때문이다. 집에 머물면서 부엌의 시계 소리나 벽난로 장작불이 타는 소리를 어떤 음악보다도 사랑하는 사람은 타인이 알지 못하는 위안을 누린다. 목적을 이루는 노정에서 여러 가지 수단을 마련하고, 그것을 쟁취하는 일은 정치나 전쟁 등의 영역뿐 아니라 농장이나 가게에서도 같은 만족과 위안을 준다.

좋은 남편은 창고에 통나무를 쌓거나 과일을 수확해 저장하는 일에도 반도를 점령하거나 국무부 문서를 처리하듯 효과적인 방법을 찾는다. 그 사람은 비 오는 날이면 작업대를 짓거나 헛간에 공구 상자를 만들고 못과 송곳, 집게, 드라이버, 끌 등을 정비한다. 작업을 하며 그는 고양이처럼 다락방과 창고와 헛간에 숨어들던 청소년 시절과 어린 시절의 옛 추억에 잠긴다. 그리고 오래된 집안일의 몸에 익은 관성을 즐긴다.

정원이나 사육장도 그에게 옛 시절을 떠올리게 한다. 그 좋은 시공간 속에서 우리는 즐거움의 달콤한 기억들이 넘치도록 흐르는 낙관주의의 다양한 모습을 찾을 수 있다. 어떤 것이든 그 법도에 순응한다면 누구라도 만족이 가득한 삶을 살 수 있다. 그 즐거움은 강렬함보다 수많은 종류들로 모습을 드러낸다.

자연은 신중함을 무시하는 이에게 벌을 내린다. 감각이 최고 권좌라고 생각한다면 그들의 법을 따르면 된다. 하지만 영혼의 존재를 믿는다면, 인과因果라는 천천히 자라는 나무에서 설익은 관능의 열매를 따지 않기를 바란다. 허술하고 불완전한 지각을 가진 사람들을 상대하는 것은 눈에 식초를 뿌리는 일과 같다.

새뮤얼 존슨 박사Samuel Johnson는 "아이가 저 창밖을 내다보면서 이 창밖을 내다봤다고 하면 체벌을 하라"고 했다. 미국인들은 정확한 지각에 대해 평균 이상의 즐거움을 느끼는 것으로 알려져 있는데, 이는 "실수 없음"이라는 말을 흔히 쓰는 것으로도 드러난

랄프 왈도 에머슨
성공의 법칙

다. 하지만 시간을 지키지 않거나 사실에 혼동을 일으키고, 내일의 필요를 간과하는 등의 불편함은 어느 국가에나 존재한다. 시간과 공간의 아름다운 법칙은 우리의 서투름으로 인해 어긋나는 경우 도피처가 돼버린다. 만약 벌집이 서투르고 어리석은 손으로 만져진다면 꿀 대신 벌만 얻게 될 것이다.

우리의 말과 행동이 공정하기 위해서는 적절한 때를 포착해야 한다. 6월 아침 낫 가는 소리는 유쾌하고 즐겁지만, 너무 늦어 건초를 만들 수 없는 계절에 들리는 낫 가는 소리는 어떤 소리보다 외롭고 쓸쓸하지 않을까? 정신이 산만한 사람과 낮술을 마시는 사람은 함께하는 사람들을 난처하게 하는데, 그는 자신의 일보다 훨씬 많은 것을 망친다.

나는 어떤 그림에 대한 비평을 접한 적이 있었다. 자신의 감각에 충실하지 못하고 무기력하게 불행에 자신을 내맡긴 사람들을 보면 그 그림이 생각난다. 뛰어난 이해력을 가졌던 독일 바이마르의 마지막 대공은 이렇게 말한 바 있다.

"저는 때때로 위대한 예술 작품 앞에서, 그리고 지금은 드레스덴에 있는 작품들 앞에서 느낀 바가 있습니다. 그림 속 인물들에게 어떤 요소가 어떻게 기여하는지, 그것이 어떤 결정적인 진리를 새겨넣는지 알게 되었습니다. 그것은 우리가 그리는 모든 인물에서 무게 중심을 잘 맞추는 일이었습니다. 그러니까 그것은 형상을 발 위에 단단히 얹고 손으로 움켜잡게 하고, 그들이 응시해야 할 곳에 시선을 고정하는 것을 의미합니다. 그릇이나 의자 같은 생명이 없는 물체도 무게 중심에 얹지 못하면 모든 형체를 상실한 채 비틀거리고 흔들리게 됩니다. 유일하게 나에게 큰 감동을 준 드레스덴 갤러리의 라파엘로 그림은 성모 마리아와 아기 예수를 숭배하는 두 성인이 그려진 그림으로, 매우 정적이고 생동감 없는 작품입니다. 그럼에도 그것은 십자가에 못 박힌 열 명의 신음하는 순교자들보다 더 깊은 감동을 줍니다. 저항할 수 없이 매혹적인 화법 외에도, 인물들이 가진 고상한 품격 때문입니다."

이 품격이 가진 수직성은 우리의 인생이라는 그림에 명멸하는 인물들에게도 적용해볼 필요가 있다. 우리는 흔들리거나 부유하지 않고 두 발로 서야 한다. 그리고 자신이 어디에 머물고 있는지 알아야 한다. 기억하는 것과 꿈꾸는 것을 구별하고, 사실을 사실대로 받아들일 수 있어야 하며, 사실만을 공유하여 자신의 감각을 신뢰의 이름으로 명예롭게 해야 한다.

뿌린 대로
거둔다

자연을 항상 곁에 두고 진리를 잊지 말라.
어떤 것도 운으로 얻는 것은 없으며,
바람 하나 모래 하나 모두 뿌린 대로 거둔다는 사실을 기억하라.

누군가가 또 다른 누군가를 경솔하다고 비난할 수 있을까? 누가 신중한 사람일까? 우리가 가장 위대하다고 칭송하는 사람도 우주에서는 작은 한 사람일 뿐이다. 우리와 자연의 관계에는 어떤 치명적인 불일치가 상존하는데, 이것이 마침내 세상의 모든 지혜와 미덕을 일깨워 개혁의 문제를 숙고하도록 한다. 우리는 최고의 신중함이 무엇인지 고민해보아야 하며, 건강과 아름다움과 정신이 왜 인간 본성의 규칙이 아니라 예외가 되었는지 물어야 한다. 식물과 동물의 속성이나 자연의 법칙을 공감을 통해 알 수 없기 때문에 그것은 시인의 꿈으로 남게 됐다.

시와 신중함은 같은 마음을 가져야 한다. 그러니 시인이 입법자가 되어야 한다. 가장 강렬한 영감은 꾸짖고 모욕하는 것이 아

랄프 왈도 에머슨
성공의 법칙

니라 시민의 법과 일상의 일들을 선포하고 주도하는 일이다. 하지만 이 두 가지는 이제 화해하기 어려울 정도로 멀어진 듯하다. 우리는 폐허가 될 때까지 그 법을 어겨왔기 때문에, 우연히 이성과 현상이 일치하는 장면을 보면 놀라움을 금치 못한다. 아름다움은 모든 남성과 여성의 결혼 지참금이 되어야 하지만, 그것은 드문 일이다.

건강하고 건전한 조직은 보편적으로 확산되어야 한다. 정신은 정신을 낳아야 하고, 어린이는 영감을 받아야 한다. 그러나 오늘날 어린이의 장래는 예측할 수 없으며, 순수함도 찾아볼 수 없다.

우리는 예의상 약간의 불명료한 광채를 정신이라고 부른다. 돈과 교환하는 재능이나 오늘은 빛나지만 내일은 호의호식하는 재능이 그것이다. 이 사회는 거룩한 사람들이 아니라 적절하게 능력 있는 사람들이 움직이고 있다. 이들은 자신의 재능을 높이 승화하기 위해서가 아니라 우아한 광택이 나도록 하기 위해 사용한다.

정신은 언제나 고행이고 경건함이자 사랑이지만, 욕구는 미덕 있는 영혼들에게는 질병으로 보일 뿐이다. 그 영혼들은 그것에 저항하는 의례와 경계 속에서 아름다움을 찾는다. 우리는 감각적인 욕망을 숨기기 위해 허울 좋은 이름을 찾아내지만, 어떤 재능도 방탕함을 부양하지는 못한다. 재능 있는 사람은 감각의 법률을 어기는 일을 사소하다고 생각하며 자신의 예술에 대한 헌신과 비교하며 아무것도 아닌 것으로 여긴다. 그의 예술은 그에게 음탕함을 가르치지 않았고, 음주를 사랑하게 가르치지도 않았으며, 스스로 뿌리지 않은 곳에서 거두는 마음도 가르친 바 없다. 그의 예술은 신성함이 덜어질 때마다 상식이 결여된다. 세상을 멸시한다고 공언하던 그에게 세상이 복수하기 시작한다. 작은 것을 멸시하는 사람은 점차 쇠락할 것이다.

괴테의 비극《타소*Tasso*》(16세기 이탈리아 시인 토르콰토 타소 *Torquato Tasso*의 비극적 사랑을 형상화했음 — 옮긴이)는 정확히 고증한 실화 기반의 작품인데, 이것이야말로 진정한 비극이다. 악명 높은 리처드 3세가 무고한 사람들을 탄압하고 살해할 때도 그것은 안토니오와 타소가 서로 옳고 그르다고 논박할 때처럼 진정한 슬픔으로 보이지 않는다. 한 사람은 이 세상의 가르침을 좇아 일관되고 솔직하게 행위할 때 다른 사람은 신성한 감정들로 불타오르지만, 그들의 법칙에 굴복하지 않고 감각의 즐거움도 잃지 않으려 한다. 그것은 우리 모두가 느끼는 비애이며 누구도 풀 수 없는 인생의 매듭이다.

타소의 성격은 현대의 인물들 가운데 종종 등장한다. 천재적이고 열정적인 기질을 가진 사람, 신체에 주어진 원리를 무시하며 방종한 생활을 하는 사람은 곧 불운해지고 삶에 불만을 토로하며 자신은 물론이고 타인에게도 가시처럼 '불편한 존재'가 된다. 학자들도 때로 위선적인 삶으로 우리를 부끄럽게 한다. 신중함보다 더 높은 지적 활동을 할 때 그는 훌륭하다. 하지만 상식이 필요할 때 그는 타인의 골칫거리가 되곤 한다.

어제의 카이사르는 그렇게 위대하지 않았다. 오늘 교수대 앞에 서는 흉악범은 더 이상 흉악하지 않다. 어제 고귀한 세상의 빛으로 살아가는 이들 중 가장 위대한 인물도 오늘 궁핍과 질병에 시달려 주어진 것에 만족해야 하는 상황에 처할 수 있다. 그는 여행자들이 이야기하는 콘스탄티노플 시장 주변을 찌푸린 얼굴로 배회하는 창백하고 옷차림 허름한 사람들과 닮았다. 야시장이 열리면 그들은 슬금슬금 뒷골목으로 가서 아편 한 모금 빨고 평온하고 영광스러운 예언자가 된다. 여러 해 동안 경제적인 어려움으로 힘겨워하다가 마침내 가진 것을 모두 잃고 헐벗고 굶주리게 되는, 마치 거대한 생물체가 바늘에 찔리며 허물어지는 신중하지 못한 천재의 비극을 목도하지 못한 사람이 있을까?

자연은 우리에게 수고와 인고의 정당한 열매 이외의 것을 기대해서는 안 된다고 끊임없이 이야기한다. 그렇다면 우리는 처음 맞이하는 고난 속에서 자연의 생각을 읽어야 하지 않을까? 건강과 빵, 기후, 사회적 지위 등은 각자의 의미를 가졌으며, 각자에게 합당한 만큼 주어질 것이다. 우리는 자연을 영원한 조언자로 옆에 두고, 자연의 완벽함을 우리 삶의 정확한 척도로 여기며, 밤을 밤으로 만들고 낮을 낮으로 만들어야 한다.

우리는 지출 습관을 통제해야 한다. 사소한 경제 활동도 제국이 운영되는 것만큼 많은 지혜가 필요하며, 거기에서 지혜를 다시 돌려받을 수 있다는 사실을 알아야 한다. 우리의 손에 쥔 돈에도 세상의 모든 법칙이 새겨져 있다. 푸어 리처드*Poor Richard*(벤저민 프랭클린이 만든 우직하고 지혜로운 가상 인물 ─ 옮긴이)의 지혜나, 에이커 단위로 땅을 사서 피트 단위로 판매하는 스테이트 스트리트 은행의 신중함이 있다면 당신이 더 알아야 할 것은 없다.

나무를 접붙이는 농부의 절약을 실천한다면 나무가 밤새 스스로 자랄 것이다. 작은 공구로 작업을 하고 시간을 배분하고 재고와 수익을 관리하는 신중함이면 충분하다. 신중함의 시선은 결코 감겨서는 안 된다. 철은 철공소에 방치하면 녹슬고, 맥주는 적절한 조건에서 양조되지 않으면 시큼해진다. 선박의 목재는 바다에 두면 썩고, 높이 쌓아두면 변형되고 뒤틀리다가 말라버린다.

이자를 아끼기 위해 돈을 쥐고만 있으면 잃어버릴 수 있다. 그 돈을 특정 주식에 투자했다면 손실도 감수해야 한다.

대장장이는 말한다. "쇠는 정제될 때까지 두드려라." 건초 만드는 사람은 말한다. "갈퀴는 낫 가까이 보관하고 낫은 수레 가까이 보관하라." 뉴잉글랜드의 양키 무역은 이러한 신중함을 매우 잘 구현하고 있는 것으로 알려졌다. 그들은 좋은 지폐, 나쁜 지폐, 깨끗한 지폐, 낡은 지폐를 가리지 않고 받아들여 저축을 유도한다. 그래서 철은 녹슬지 않고, 맥주는 시큼해지지 않고, 목재는 썩지 않고, 복식은 유행에서 벗어나지 않으며, 돈과 주식은 가치가 떨어지지 않는다. 뉴잉글랜드가 자신의 소유로 두는 짧은 시간에도 이러한 일은 일어난다. 스케이트를 타고 얇은 얼음 위를 달릴 때 우리의 안전은 속도가 결정한다.

우리는 더 높은 수준의 신중함을 배워야 한다. 자연의 모든 것, 심지어 티끌과 깃털까지도 운이 아니라 자연의 법에 따라 움직이며 모든 것은 뿌린 대로 돌아온다는 사실을 배워야 한다.

진실하고
더불어 살아야
가치 있다

우리가 아는 이들은 멀리서 보면 강하고 위협적이지만,
가까이서 보면 모두 연약하다. 그러니 엄격하지 말고
함께하라. 그럼 삶은 더 소중해질 것이다.

근면과 인내를 통해 자신의 빵을 스스로 조달하여 다른 사람과 쓰디쓴 거짓 관계가 불필요하도록 하라. 부가 허락하는 최고의 덕은 자유이다. 우리는 작은 미덕을 실천해야 한다. 우리의 삶은 얼마나 많은 기다림의 시간으로 소모되는가? 타인을 기다리게 하지 말아야 한다. 얼마나 많은 말과 약속이 그저 흘러가는 대화 속 무의미한 약속에 머물고 마는지 알아야 한다. 그리고 우리의 언어가 운명의 언어가 되도록 해야 한다.

고이 접혀 봉인된 편지가 나무배를 타고 세계를 돌고, 특정 사람을 위해 쓰인 그 편지는 수많은 사람들의 보호 아래 목적지에 도달한다. 이를 보면서 우리도 모든 방해물과 잡념과 폭풍과 거리와 사고가 우리를 혼란스럽게 할 때도 목표를 유지하는 법을 배

위야 한다. 그래서 인내하는 마음으로 지속적으로 노력하면 그 작은 힘이 몇 달, 몇 년이 지난 후 가장 먼 곳에 도착한 약속이 된다는 사실을 알아야 한다.

하나의 미덕만을 바라보고 그것에만 의탁해서는 안 된다. 인간의 본성은 모순보다는 대칭성에 가깝다. 세상의 행복과 안정을 도모하는 신중함은 특별한 사람들만 추구하는 일이 아니지만, 위대함과 거룩함을 실행하는 일은 특정 부류의 사람들만 관여할 수 있다. 그리고 그 모든 것은 조화를 이룬다. 신중함은 현재의 시간과 사람, 재산, 그리고 기존의 관습과 관련된 일이다. 하지만 모든 사실은 영혼에 뿌리를 두고 있으며, 영혼이 변한다면 그 사실도 사라지거나 다른 것이 된다. 그러므로 외적인 사물을 적절히 다루기 위해서는 원인과 바탕을 충분히 이해해야 한다. 즉 선량한 사람은 현명한 사람이 될 것이고, 성실한 사람은 정치인이 될 것이다.

진실을 해치는 행위는 자신에게 자살과 같은 행위일 뿐 아니라, 이 세상의 건전함을 해치는 일이다. 솔직함은 솔직함을 불러일으키고 함께하는 이들을 우정의 공동체로 만들지만, 거짓말은 당장 이득인 것처럼 보여도 일련의 사건을 발생시켜 먼 훗날 대가를 치르게 한다. 사람을 믿으면 그들은 당신에게 진실할 것이며,

사람을 존중하면 그들은 당신에게 자신을 보여줄 것이다. 어쩌면 자신들의 규칙을 당신에게만 예외로 적용할지도 모른다. 그러므로 불쾌하고 무서운 일에 있어서 신중함은 회피나 도주에 있는 것이 아니라 용기에 있다.

삶의 가장 평화로운 순간을 걷고자 하는 사람은 결단력을 가져야 한다. 가장 두려운 대상에 직면하여 용기를 내면 그 두려움은 근거 없는 것이라는 걸 알게 된다. 라틴 속담에 이런 말이 있다. "전투에서는 눈이 먼저 승부를 본다." 자신의 정신에 온전히 빠져버리는 건 축구 경기나 칼싸움보다 조금 더 위태로울 수 있다. 대포가 겨누고 있는 것을 보고 포탄이 날아오는 경로에서 미리 도망치는 병사들을 예로 들 수 있다. 폭풍의 공포는 대체로 거실과 선실에서 위협적이다. 카우보이나 뱃사람은 하루 종일 그것과 맞서 싸우는데, 이들의 맥박은 6월의 태양 아래에서처럼 활기차게 요동친다.

이웃과 불미스러운 일이 벌어지면 불안이 증대되고 상대의 행동을 확대해석하기 쉽다. 하지만 그것은 올바른 해법이 아니다. 사람은 누구나 약하면서도 강하다. 자신에게 약하지만 타인에게는 강하고, 자신에게 강하지만 타인에게는 약하다. 당신은 공포를 싫어하지만 공포 또한 당신을 싫어한다. 당신은 가장 작은 사람의 호의까지 애써 구하며 그의 악의에 불안해한다. 하지만 당신과 이웃의 평화를 가장 어지럽히는 사람도 그의 입장을 헤아려보면 다른 사람과 마찬가지로 소심하고 겁 많은 인물일 수 있다.

사회의 평화는 그렇게 유지된다. 어린아이가 말하듯 무서운 사람도 있지만 그렇지 않은 사람도 있다. 사람들은 멀리서 보면 강하고 위협적으로 보이지만 가까이서 보면 모두 연약하다.

"예의는 비용이 들지 않는다"라는 속담이 있다. 하지만 이익을 취하기 위해 사랑을 계측하는 사람도 있을 것이다. 사랑은 눈을 멀게 하지만, 사람을 제대로 인식하는 데는 친절이 필요하다. 만일 당신이 독선적인 종파나 당파를 만나면 경계선을 의식하지 말고 공감대를 만들어 그곳에서 대화하라. 두 사람 모두에게 태양이 빛나고 비가 내리기만 한다면, 그 지점은 빠르게 확대될 것이고, 태산 같은 경계선이 어느새 공기 속으로 녹아드는 모습을 볼 것이다. 만일 그럼에도 그들이 싸우기 시작한다면 성 바울이 거짓말을 하고, 성 요한은 미워할 것이다.

종교를 둘러싼 논쟁은 순결하고 고귀한 영혼들을 얼마나 천박하고 가난하고 비굴하고 위선적인 사람들로 만들었는가. 그들은 남을 기만하고 모욕하면서도 몸을 낮춘 채 고해하는 척할 것이다. 하지만 진실은 자신을 자랑하고 세상을 정복하려 할 뿐이다. 그렇게 된다면 어떤 생각도 양측을 이롭게 하지 못하고, 누구도 풍요롭게 하지 못하며, 용기나 겸손과 희망 같은 덕성도 없다. 그러므로 우리는 적개심과 비통함의 강에 몸을 맡긴 채 동시대인들을 벗삼아 잘못된 길로 흘러가서는 안 된다.

당신의 생각이 그들과 완전히 다르다고 해도 그들의 입장을 헤아려보고, 그들의 생각을 이해하려 노력해 보라. 당신의 이야기를 재치와 사랑의 토대 위에서, 의심의 허상이 아닌 단단한 기둥 위에서 펼쳐보이기를 바란다. 그러면 당신은 언제나 타당한 주장을 펼칠 수 있을 것이다. 영혼의 자연스러운 움직임은 인위적인 포장보다 훨씬 낫기에, 이제 당신은 논쟁에서 자신을 정의로 포장하지 않을 것이다. 그렇지 않으면 생각은 올바른 감각으로 통제되지 않고, 올바른 비율과 태도로 드러나지 않을 것이다. 그 대신 강탈하고, 소리를 지르게 될 것이며, 현상의 절반만 보는 사람이 될 것이다. 하지만 영혼의 자연스러운 움직임에 동의한다면, 그것은 이내 승인될 것이다. 실제로 외적 다양성 아래에서는 모든 사람이 같은 마음과 같은 생각을 가지고 있기 때문이다.

지혜는 우리가 어떤 사람이나 집단과 적대적인 관계에 놓인 채 서게 하지 않을 것이다. 우리는 사람들과 공감하거나 교류하는 것을 거절하면서도 마치 더 나은 공감과 친밀함이 곧 찾아올 거라 기다리며 산다. 하지만 그것은 언제가 될 것인가? 내일도 오늘과 다르지 않을 것이다. 우리가 살기 위해 준비하는 동안 삶은 저물고, 친구와 동료들은 주위에서 사라져간다. 우리에게 새로운 남자와 새로운 여자가 다가오는 경우는 많지 않다. 시류를 무시하기에 우리는 너무 나이가 들었고, 더 크고 강력한 사람의 지지를 기대하기에도 너무 늦었다.

가까이에서 자라는 애정과 감정의 달콤함을 느껴보라. 낡은 신발에서 발은 편안함을 느낀다. 의심할 나위 없이 우리의 동료들은 많은 흠결을 가지고 있고, 자랑스럽게 이름을 외칠 만한 동료들도 있지만, 그런 것은 다 의미가 없다. 모든 사람의 상상에는 친구가 있다. 그들과 함께하면 삶은 더 소중해질 것이다. 소중히 다루지 않으면 그 관계는 유지될 수 없다. 만약 우리의 야망이 그 관계를 옭아매려 한다면 딸기가 화단에서 맛을 잃듯 그들의 미덕도 빛을 잃을 것이다.

현재의 행복을 추구하는 데 필요한 진리와 정직, 용기, 사랑, 겸손 등 모든 미덕은 신중함의 영토에서 자란다. 모든 물질이 근본적으로 산소나 수소같이 하나의 원소로 이루어져 있는지는 모르겠으나, 예의와 행동이 적용되는 세계는 하나의 물질로 이루어

져 있는 것이 분명하다. 무엇에서 시작하든 우리는 곧 우리의 십

계명을 읊고 있을 것이다.

Ralph Waldo
Emerson

※

The Law of
Success

3

사람은
사람이
만든다

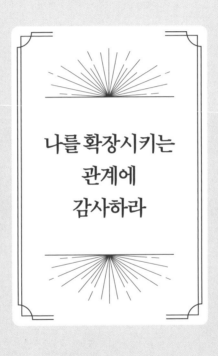

나를 확장시키는
관계에
감사하라

세상을 향한 시각을 열어주는 관계만큼 좋은 건 없다. 그러니
내 안의 신이 타인을 향한 장벽을 무너뜨리도록 내버려두라.

우리는 겉으로 드러내는 것보다 훨씬 따뜻하고 친절한 마음
을 가졌다. 동풍과 같은 차가운 이기심이 세상을 얼리기도 하지
만, 인류라는 모두의 가족은 푸른 창공처럼 사랑의 원소로 덮여
있다. 우리는 수많은 집을 다니면서 얼마나 많은 사람을 만나고
있는가? 그 가운데 대화나 교류가 없는 사람도 있지만, 그럼에도
우리는 그들을 존중하고, 그들도 우리를 존중한다. 거리를 걸으
며 얼마나 많은 사람을 마주하는지, 말없이 앉아 있으면서도 함
께 있음을 얼마나 기뻐하는지, 스쳐가는 시선이 보내는 언어를
읽어야 한다. 마음은 모든 것을 알고 있다.

우리가 삶에 풍성한 애정을 쏟으면 진심 어린 기쁨이 솟아난
다. 타인에 대해 느끼는 관대함과 안온함은 시와 속담에서도 불

의 물질적 효과로 비유되곤 한다. 빠르게 확산되고, 신속하게 번지고, 더 격렬하고, 더 활동적인 특성은 그것이 가진 내적 에너지 때문이다. 그것은 가장 높은 수준의 격정적인 사랑에서부터 가장 평범한 단계의 선의에 이르기까지 삶의 온갖 달콤한 것들을 생성한다.

우리의 지적 능력과 실행력은 우리가 쏟는 애정에 의해 증폭된다. 학자가 책상에 앉아 논문을 쓸 때 좋은 주제로 논지를 전개하는 데 오래 수행한 명상이 도움되지 않을 때가 있다. 하지만 친구에게 편지를 쓸 때는 정겨운 언어의 군단이 몰려와 갖가지 생생한 언어들이 생각을 덮어버린다.

품성이 올바른 사람이 자신의 집에서 낯선 사람을 맞이하는 순간의 두근거리는 마음을 상상해 보라. 손님은 지인이 소개해준 사람이며 곧 도착한다는 기별을 받았다. 설렘과 고민 사이의 불안감이 집 안을 휘감는다. 그가 도착하면 극진히 환대해야 한다는 부담감도 마음을 압박한다. 집 청소를 하고 물건을 정돈하며 낡은 코트도 새것으로 바꾼다. 가능하면 저녁 식사도 준비해야할 것이다. 소개받은 사람에 대해서 사람들은 칭찬 일색이다. 좋은 소식과 새로운 이야기들만 들려온다.

그는 우리에게 인류를 대표하는 사람이다. 그는 우리가 원하는 그 사람이다. 그를 상상하고 대비하며, 어떤 대화를 나누고 어떤 행동을 할지 자문한다. 부담감이 더해지면서 마음이 불편해진다. 이러한 생각들은 그와의 대화에 도움이 된다. 공적인 자리에서 우리는 평소보다 더 능숙하게 말하게 된다. 가장 기민한 상상력을 보이고, 더 풍부한 기억을 자랑하며, 바보 같은 악마는 잠시 자리를 비운 듯 행동한다. 오랜 시간 동안 우리는 가장 오래되고 비밀스러운 경험으로 진지하고 우아하고 풍성한 이야기를 나눈다. 그리고 함께 앉은 지인들은 우리의 놀라운 이야기에 놀라움을 드러내 보일 것이다. 그런데 초대받은 그 사람이 갑자기 자신의 편견과 고집을 드러내고 정제되지 않은 이야기를 대화에 쏟아낸다면, 모든 것이 끝난다. 그는 우리에게 듣게 될 처음과 마지막 이야기를, 그리고 가장 좋은 이야기를 이미 들은 것이다. 그는 이제 낯선 사람이 아니다. 그가 다시 온다면 환대 준비와 복장과 저녁 식사를 할 수는 있겠지만, 두근거림이나 영혼의 교제는 없을 것이다.

세상을 향한 시각을 열어주는 드넓은 관계만큼 좋은 것이 또 있을까? 생각과 감정이 뒤섞이는 자연스럽고도 굳건한 교류처럼 즐거운 일이 또 있을까? 고동치는 심장에 다가서는 열정 있고 진심 어린 사람들의 발걸음과 모습은 얼마나 아름다운가. 우리가 삶에 애정을 가지는 순간 지구는 변화한다. 그곳에는 겨울도 없고 밤도 없다. 비극과 권태는 사라지고 의무도 사라진다. 지속되는 영원을 채우는 것은 정을 나눈 사람의 빛나는 모습 외에는 없다. 우주 어딘가에서 그 친구와 다시 만날 것이라는 확신을 가지게 된다면, 우리의 영혼은 천 년이라도 홀로 만족하며 기쁘게 살아갈 것이다.

오늘 아침에 나는 오랜 친구와 새로 만난 친구에게 경외심을 담아 감사를 전했다. 날마다 자신이라는 선물로 내 앞에 나타나는 멋진 그들을 신이라고 부르면 안 될까? 나는 비판적인 사람이고 외로움도 감수하는 편이지만 무례하지는 않아서 사려 깊고 예의 바르고 품격 있는 사람이 이따금 문 앞을 지날 때면 그냥 두고 보지 않는다. 나와 대화하고 나를 이해해준 사람은 친구가 되고, 그 친구는 나의 영원한 자산이 된다. 자연이 그렇게 야박하지는 않아서 나에게 이러한 기쁨을 자주 허락한다.

이처럼 우리는 사회와 어우러지고 새로운 관계를 형성한다. 그리고 다양한 생각을 끊임없이 받아들이고 구체화하면서 스스로 하나의 세계를 창조하고 그 속에서 살아간다. 더 이상 우리는 상투적인 비유에 등장하는 지구를 방문한 이방인이나 순례자가 아니다. 내 친구들은 주저하지 않고 나를 찾아왔으니, 신이 나에게 주신 것이다. 가장 오래된 권리에 의해, 혹은 신성한 친화력을 통해 나는 그들을 찾아낸다. 좀 더 정확히 말하면 내가 아닌 내 안의 신이 서로의 개별적인 성격과 관계, 나이, 성별, 환경 등을 무시하고 장벽을 제거한다.

그 신은 많은 것을 묶인하고 다양한 것을 통합한다. 나에게 새롭고 심오한 세상을 보여주어 나의 생각과 의미를 확장시켜주는 훌륭한 인연들에게 감사한다. 그대들은 영원히 지속될 첫 음유시인이자 찬송 시이고, 송시이고, 서사시이며, 아직도 머릿속을 맴도는 시이자 아폴론과 뮤즈가 노래하는 시이다.

그대들도 언젠가 나를 떠날까, 아니면 일부만 그러할까? 나는 알 수 없다. 하지만 그것을 두려워하지는 않는다. 그들과 나의 관계는 매우 순수한 것이고, 우리는 그저 친화력으로 관계를 맺을 뿐이다. 내 삶의 동력은 사회와 조화롭고, 내가 어디에 있든 그대들만큼 고귀한 성품을 가졌다면 동일한 친화력이 작용할 것이다.

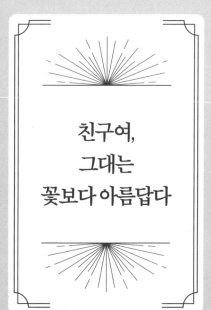

친구여,
그대는
꽃보다 아름답다

우정은 진실함을 토대로 굳건한 신뢰를 쌓고,
흔들리지 않는 마음의 깊이로 다가가야 한다.

나는 극도로 감상적인 사람이다. 그래서 거의 '와인의 달콤한
독을 남용'하는 수준으로 감정이입을 한다. 누군가를 처음 만나
는 일은 내게 큰 사건이어서 종종 잠을 못 이루며 초조해한다. 나
에게 멋진 시간을 선사한 사람들은 언제나 좋은 추억으로 남아 있
다. 하지만 그 기쁨은 하루가 지나기 전에 끝나고, 어떤 특별한 변
화가 일어나지는 않는다. 그로 인해 새로운 생각들이 잉태되지도
않고, 내 행동이 크게 바뀌지도 않기 때문이다.

친구의 성취를 마치 내 것인 양 자부심을 느끼기도 하고, 그
의 덕성에 흡족함을 느끼기도 한다. 그가 칭송을 받으면 나는 사
람들에게 찬사를 받는 약혼녀 옆의 남성처럼 흐뭇해진다. 우리는
서로의 양심을 절대적으로 신뢰한다. 그의 성품과 본성은 나의

것보다 좋아 보이고 유혹에 굴복하는 일도 적을 것처럼 보인다. 그의 이름과 옷과 소유물은 그의 개성을 돋보이게 한다. 나의 생각마저도 그의 입을 통하면 더 새롭고 더 크게 공명된다.

심장의 수축과 이완은 사랑의 밀물과 썰물에 비유되기도 한다. 우정은 불멸하는 영혼처럼 더할 나위 없이 좋은 덕목이다. 자신의 연인을 바라보는 남자는 그녀가 진정으로 자신이 숭배하는 대상이 아니라는 사실을 반쯤은 알고 있다. 우정이 황금처럼 빛나는 순간에도 우리는 의심과 불신의 앙금이 바닥에 깔린 것에 놀라곤 한다. 우리는 때로 영웅들에게도 의심의 눈초리를 보내며 그들에게 향했던 찬사를 거두기도 하지만, 종국에는 불굴의 의지를 보인 그들의 모습을 칭송한다. 엄밀히 말하면 영혼은 자신을 존중하는 것처럼 사람을 존중하지 않는다.

엄정한 과학의 세계에서 모든 사람은 '무한한 거리'라는 동일한 조건하에 놓인다. 우리는 이 엘리시움*Elysium*(그리스 신화에서 축복받은 이들이 사후에 거주하는 낙원 — 옮긴이)의 형이상학적 근원이라도 파헤쳐 사랑이 식는 것을 막아야 할까? 나는 내가 보는 것만큼 실재하는 존재가 아닌 것일까? 만일 내가 실재한다면, 그 모든 것이 무엇인지 알아보는 것을 두려워하지 않을 것이다. 사물의 본질은 겉모습만큼이나 아름답지만, 그것을 이해하기 위해서는 더 세심한 관찰이 필요하다. 식물의 뿌리도 기능적으로는 매우 좋은 것이지만, 화환이나 장식을 만들기 위해서는 짧게 잘라야 한다.

나는 이제 이토록 즐거운 상상과 어울리지 않는, 매우 불편한 이야기를 하고자 한다. 비록 축제에서 이집트 해골이 발견되는 소동이 벌어진다고 해도 그렇게 해야 할 것이다. 사람들은 자신의 생각과 의지에 따라 살아가고, 그러한 자신을 훌륭한 사람이라고 생각하는 경향이 있다. 설사 몇 가지 일에 실패했다고 하더라도 일반적으로 그럭저럭 괜찮은 삶이라고 생각한다. 그러한 이들에게는 어떤 선도, 어떤 힘도, 황금이나 무력도 그를 값지게 하지 못한다. 나는 그의 재력보다 나 자신의 가난에 의탁할 것이다. 나는 그의 의식을 나의 의식과 동등한 것으로 여길 수 없다. 오직 나의 별빛이 눈부실 뿐, 다른 행성은 달처럼 미지근한 빛을 내놓을 뿐이다. 누군가 그를 성격 좋고 성실하다고 칭찬해도, 그가 아무리 멋진 모습을 하고 있어도, 나처럼 가난한 그리스인이 아니라면 나는 그를 좋아하지 않을 것 같다. 이러한 생각을 부정할 수 없다.

친구여, 수많은 색깔로 물들고 얼룩진 이 광활한 세계의 그림자 안에 그대 또한 빛나고 있다. 그대와 비교하면 다른 것들은 그림자처럼 보일 뿐이다. 그대는 존재가 아니다. 진실이 그렇고 정의가 그러하듯 그대는 내 영혼이 아니라, 내 영혼이 그린 그림이자 초상이다. 그대는 나에게 온 지 얼마 되지 않았지만 벌써 모자와 외투를 가져가려 하고 있다. 새싹이 돋아나서 옛 잎을 밀어내고 나무가 잎사귀를 불쑥 피워 올리듯, 우리의 영혼이 친구들을 불쑥 내미는 것은 자연의 이치가 아닐까?

자연은 영원히 순환한다. 각각의 전기적 상태는 반대편 끝을 향해 나아간다. 영혼은 더 위대한 자기 인식, 혹은 더 깊은 고독으로 진입하기 위해 친구들과 교류한다. 그리고 관계와 집단을 고양시키기 위해 한동안 고독에 빠져든다. 이 과정은 우리의 개인사 전체를 통해 스스로 진행된다. 애정의 본능은 우리에게 동반자와 함께하고자 하는 희망을 되살리지만, 이내 고독감으로 회귀하여 열정의 삶으로부터 우리를 불러낸다. 그래서 사람은 누구나 삶을 살아가는 여정에서 우정을 찾고 싶어 한다. 만약에 그가 자신의 감정을 기록할 수 있다면 장차 찾아올 우정의 대상에게 이렇게 편지를 쓸 지 모른다.

존경하는 친구에게

내가 그대를 믿고 그대의 성품을 믿고 우리가 서로의 기분을 헤아릴 수 있다고 믿는 한, 그대가 오고 가는 사소한 일에 대해 더는 생각하지 않으려 한다네. 난 그리 현명하지 못하지만, 내 기분은 예측하기 쉽고, 난 그대의 삶을 존중해. 타인의 삶을 헤아리는 일은 내게 어려운 일이지. 하지만 나 역시 그대가 날 완벽히 이해할 거라고 생각하지 않아.

그대는 나에게 달콤한 고뇌를 선사한다네. 그것은 영원히 그대의 것이거나 누구의 것도 아니게 되겠지. 그러나 이 불편한 기쁨과 세련된 고통은 호기심의 영역일 뿐 삶을 위한 것은 아니야. 여기에 젖어 있어서는 안 된다고 생각하네. 그것은 거미줄을 짜는 일이지 천을 짜는 일이 아니야. 우리의 우정은 인간의 심장 조직으로 만든 견고한 섬유가 아닌 와인과 꿈의 질감으로 엮어놓아서 짧고 빈약한 결론으로 서둘러 흘러갈 수 있다네.

우정의 법칙은 굳건하고도 영원해서, 자연의 법칙과 도덕의 법칙이 엮은 하나의 그물과도 같아. 하지만 우리는 성급한 마음에 익지 않은 과즙을 거두어 달콤하게 흡입하고자 했지.

우리는 신의 정원에서 수많은 여름과 겨울을 보내며 가장 느리게 익어가는 과일을 찾아야 하지만, 친구를 찾을 때도 품격을 버리고 누군가를 나의 것으로 만들려는 이기적인 욕망을 앞세우곤 하지. 그리고 어느 곳을 가든 온통 미묘한 적대감으로 온몸을 무장하는 헛된 노력을 기울인다네. 그래서 우리는 사람을 대면하자마자 연주를 시작하고, 귓전에 들리는 시를 진부한 산문으로 번역하지. 모든 사람을 만나려 하고, 모든 모임을 타협하려 한다네. 서로 다가설수록 각자 가진 아름다운 본성의 꽃과 향기가 사라져버리는 가장 안타까운 만남도 많지.

현실은 얼마나 실망스러운가, 심지어 덕 있는 사람과 선택받은 이들조차도, 오래 지켜본 뒤 만나 이야기를 해도 결국 실망하게 된다네. 우정과 공감대가 깊어져도 갑작스럽고 부적절한 냉담함을 보이며 돌아서거나, 동물적인 본능 같은 농담만을 던지는 사이도 많지. 우리가 발산하는 인격은 우리를 진실한 길로 인도하기보다 고독의 길로 안내하고 있다네.

나는 모든 관계가 평등해야 한다고 생각해. 만일 내게 동등한 관계가 아닌 친구가 있다면, 내가 얼마나 많은 친구를 가졌든, 대화에서 어떤 만족을 얻을 수 있든 그것은 무의미하지. 내가 만일 어떤 관계에서 평등하지 않은 관계를 유지했다면 다른 모든 일에서 느끼는 기쁨은 하찮고 비겁한 일이 될 거야. 만일 내가 어떤 친구를 내 망명지로 삼는다면 나는 나 자신을 미워하게 될 거라네.

우리의 조바심은 우리를 엄격하게 꾸짖곤 한다네. 최고의 영혼이 아직 충분히 성숙하지 않은 채 자기 자신을 책임져야 한다면 그 사람의 자아는 일찍 시들어버릴 거야. 우리는 루비 보석을 백만 년 동안 단련하는 자연의 느림에 찬탄을 보내고, 알프스와 안데스가 무지개처럼 생성되고 사라지는 억겁의 시간 앞에 겸손해야 할 거야.

우리 삶의 선한 정신에 조급함을 대가로 지불한 천국이란 없어. 우리의 마음은 가벼운 사치가 아닌 무거운 가치를 추구해야 해. 우리는 진실함을 토대로 굳건한 신뢰를 쌓고, 흔들리지 않는 마음의 깊이로 친구에게 다가가야 할 거야.

언제나
진실로 대하라

누구를 만나고 인연을 이어가려면 쓸데없는 껍데기는 벗어던져라. 어떤 관계든 진심을 다해야 당당할 수 있다.

우정이라는 매혹적인 개념에 대해 다시 생각해본다. 사회적 이익과 같은 부차적인 설명은 잠시 미뤄두고, 일종의 절대적 사랑이자 그 사랑의 언어조차 의심스럽고 무의미하게 만드는 고귀한 이들의 신성한 관계에 대해 이야기하고 싶다. 이보다 더 순수하고 가치 있는 이야기는 존재하지 않을 것이다.

나는 우정에 대해 지나치게 고상한 말로 설명하기보다는 가장 대담한 용기라는 관점에서 이야기하고 싶다. 진정한 모습일 때 그것은 유리 실이나 서리꽃이 아니라 우리가 아는 가장 견고한 어떤 것일 터였다. 지금까지 거쳐온 장구한 세월 동안 우리는 자연이나 우리 자신에 대해 얼마나 알게 되었을까? 우리는 인류의 문제를 해결하는 데 있어서 한 걸음도 내딛지 못했다. 어리석음을 비판하는 이 한마디에 전 인류의 미래가 달린 일인지도 모른다. 하지만 내 생각에는 우리가 사람들과 어울리며 느끼는 기쁨과 위안이라는 달콤한 충만감은, 자연과 생각이 만들어낸 껍질인 것 같다.

친구에게 쉼터가 되어주는 집은 행복한 곳이다. 마치 하루 동안 그를 환대하기 위해 지어진 축제 홀이나 아치와도 같은 곳. 게다가 그가 이 관계의 신성함을 알고 규칙을 존중해준다면 더 행복할 것이다. 이 약속을 허락하고 함께하는 친구는 마치 첫째로 태어난 이들이 모인 올림픽 경기에 참석한 것처럼 느낄 수도 있다.

그는 시간과 욕망과 위험이라는 종목에 출전하게 된다. 모든 것이 닳고 찢기는 위험으로부터 자신의 아름다움의 섬세한 결을 지킬 만큼 진실한 사람이 승자가 된다. 행운의 선물은 있을 수도 없을 수도 있지만, 경쟁의 속도는 내적인 고귀함과 작은 일에 매몰되지 않는 덕성에 달려 있다.

우정을 구성하는 요소로 두 가지를 꼽을 수 있는데, 두 가지 모두 매우 중요한 덕목이어서 어느 하나가 우월할 수 없고, 어느 쪽이 먼저 호명되어야 할 이유도 없다. 첫째는 '진실'이다. 친구란 내가 진심을 다할 수 있는 사람이어야 한다. 그런 사람 앞에서는 고개 숙이지 않고 당당할 수 있다. 그래서 진실하고 평등한 사람

앞에서는 깍듯한 예의를 내려놓고 숨겨둔 자신의 모순과 치부를 드러내며 웬만해서는 벗지 않는 껍데기마저 내려놓을 수 있다. 그것은 화학 원자가 짝이 맞는 원자와 만난 것처럼 명료함과 완전함으로 소통하는 일일 것이다.

사람은 홀로 있을 때 진실하기 마련이다. 하지만 다른 사람이 등장하면 위선이 시작된다. 우리는 상대방의 공세에 맞서기 위해 칭찬이나 험담, 유희, 일 등을 활용하기도 한다. 우리는 백 겹의 껍질 안에 생각을 감추고 있다.

나는 자신만의 종교적 열정에 휩싸여 이 껍데기를 벗어버린 사람을 알고 있다. 그는 인사나 안부 같은 흔한 대화를 생략하고 마주하는 사람들의 양심에 직접 말을 걸었고, 이를 통해 많은 통찰과 감동을 보여주기도 했다. 처음에는 아무도 동조하지 않았고 모든 사람이 그를 미쳤다고 했다. 그는 자신의 진심을 말할 수 없었기 때문에 한동안 고난을 당해야 했지만, 결국 모든 사람이 그와 정직한 대화를 하고는 관계가 만들어졌다. 이제 누구도 그를 마주하고 거짓말을 하지 않았고, 시장이나 도서관에서 만나도 그의 의견을 묵살하지 않았다. 사람들은 그러한 단순한 삶을 영위하기 쉽지 않으며, 그처럼 자연이나 시를 진심으로 사랑하지도 못한다.

세상은 우리에게 얼굴의 앞모습이 아닌 뒷모습과 옆모습만 보여준다. 거짓의 시대에 사람들과 진정한 관계를 맺는 것은 어쩌면 광기의 발작일지 모른다. 그렇지 않은가? 우리는 똑바로 서서 걸어가는 일이 버겁다. 그리고 우리가 만나는 사람들은 서로에게 위트가 담긴 예의범절을 기대한다. 상대방에게 일정한 명성이나 능력을 원하고, 종교나 박애주의자들이 말하는 거창한 담론을 듣기 원한다. 하지만 그러한 대화는 그저 대화를 망칠 뿐이다. 만일 내 소유가 소개되는 것이 아닌, 나 자신이 발휘되는 순간을 원하는 이가 있다면 그는 매우 훌륭한 사람일 것이다. 그가 내 친구라면 어떤 조건도 요구하지 않고 나에게 행복을 선사할 것이다.

랄프 왈도 에머슨
성공의 법칙

내가 나일 때
비로소
우리가 될 수 있다

 좋은 두 사람이란, 언제나 함께가 아닌 각자 홀로인 두 사람인
관계다. 서로 다른 둘이 있어야만 좋은 하나가 될 수 있다.

친구가 될 수 있는 또 다른 요건은 '애정'이다. 사람은 혈연으로 엮여 있을 뿐 아니라 자부심으로, 두려움으로, 희망으로, 돈으로, 정욕으로, 증오로, 존경심으로, 모든 상황과 가치와 그 밖의 하찮은 일들로 묶여 있다. 그런데 사람들이 사랑으로 서로를 지지해주고, 자신과 다른 이들을 감내해주고 있다는 사실은 믿기 힘들다. 우리 모두가 그토록 축복받은 인물이고 순수한 사람들이어서 만인에게 무한한 애정을 보여주는 것일까?

어떤 사람이 나와 가까워지면 나는 행운의 네잎클로버를 찾은 것처럼 느끼곤 한다. 하지만 이 문제의 핵심을 직접적으로 언급한 글은 거의 보지 못했다. 물론 잊을 수 없는 글이 있긴 하다.

"나는 평범한 사람에게는 조용하고 무뚝뚝한 모습을 보이지만, 내가 가장 헌신하고 싶은 사람에게는 헌신을 최소화한다."

나는 우정이라는 것이 눈빛과 언변일 뿐 아니라 두 다리여야 한다고 생각한다. 우정이 달 위로 솟아오르기 전에 땅에 뿌리를 내려야 하고, 그것이 멋진 천사이기 이전에 어느 정도는 시민이기를 바란다. 우리는 그 시민이 사랑을 물건처럼 여긴다고 비난하곤 한다. 그 물건을 선물로 제공하며 그들이 필요한 것을 무마한다고 생각하는 것이다. 하지만 그들은 좋은 이웃이다. 아픈 사람과 함께 있어주고, 장례식의 발이 되어준다. 사람들은 그 역할에서 섬세하고 고상한 모습을 찾지 않는다. 그들의 숱한 노고에서는 신을 찾지 않으면서, 시인에게는 실을 너무 가늘게 뽑는다며 책망하고, 정의와 책임과 충성과 연민이라는 공동체적 덕목으로 낭만적인 시를 쓰지 않는다며 질책한다.

나는 현대적이고 대중적인 연합을 호소하기 위해 우정이라는 이름의 매춘을 실행하고 싶지는 않다. 나는 껍데기뿐인 전시회를 열고, 마차를 타고, 최고의 만찬을 즐기는, 비단과 향수가 넘쳐나는 친목회보다 밭 가는 젊은이나 양철 행상을 더 좋아한다.

우리의 목적은 성사될 수 있는 가장 엄격하고도 따뜻한 거래를 이행하는 일이다. 그것은 우리가 경험한 어떤 것보다 엄격한 일이어서 삶과 죽음의 모든 관계와 수단을 통해 도움과 위로가 될 수 있어야 한다. 그것은 평온한 날들과 감사의 선물과 시골 산책 길과도 어울리지만, 동시에 거친 도로와 귀한 음식과 파산과 가난과 박해에도 함께해야 한다. 그것은 유머와 위트의 성찬과도, 종교적인 열정과도 잘 어울린다.

우리는 일상의 필요와 삶의 소명을 서로 존중하며, 용기와 지혜를 더해 그것을 아름답게 꾸며야 한다. 결코 진부하고 안일한 것에 빠져서는 안 되고, 발랄하고 창의적이어야 하며, 고된 일에도 기쁨과 소망을 부여해야만 한다.

우정은 매우 귀하고 값진 성품을 통해 피어난다. 원만한 성격이어야 하고, 적극적인 의지도 있어야 하며, 일정한 환경도 주어져야 한다. 시인들은 그 가운데서도 사랑하는 인연과 짝을 이루는 일이 중요하다고 주장한다. 이러한 여건들은 쉽게 보장될 수 없을 것이다. 특별하고 고귀한 성향을 가진 이들에 따르면, 사람이 둘 이상 어울리면 그들이 추구하는 완벽한 순간은 오래 유지될 수 없다고 한다.

나는 내게 그토록 엄격한 기준을 적용하진 않는다. 어쩌면 다른 사람들이 한다는 고귀한 교류를 알지 못하기 때문일 수 있다. 나는 서로 어울리며 수준 높은 대화를 나누는 신처럼 귀한 남녀의 무리를 상상하며 기뻐하곤 한다. 그런데 대화에 있어서는 일대일의 법칙이 필요하다는 생각이 든다. 대화는 친구 관계의 실천과 완성이니까. 물을 너무 많이 섞으면 좋지 않고, 좋은 것과 나쁜 것을 섞는 것도 이득이 없다. 두 사람이 모이면 한쪽은 말하고 한쪽이 들으면서 대체로 유용하고 즐거운 시간을 보낼 수 있지만, 세 사람 이상이 모이면 진심 어린 대화는 불가능하다. 두 사람이 말하고 한 사람이 들을 수도 있겠지만, 두 사람이 만났을 때보다는 세 사람은 함께 진지하고 유익한 대화를 나누기 어렵다. 좋은 사람들과 함께할 때 두 사람이 그들만 존재하는 듯 좌중을 배제하고 대화하는 일은 어려울 것이다.

좋은 사람들 사이에서는 개인의 이기심이 다양한 형태의 생각에 부딪히면서 그들과 같은 궤적의 사회적 영혼으로 변모한다. 그것에는 지인들 간의 편견도, 형제나 자매, 남편과 아내 사이의 애정도 관여하지 못한다. 회중의 보편적인 생각에 이의가 없으며 자신의 생각에 갇히지 않은 사람만이 발언할 수 있을 것이다. 그런데 이러한 대화의 관습은 상식이 지배하는 경향이 있고, 두 영혼을 하나로 합일시키는 격조 높은 대화에 이르는 고도의 자유를 파괴한다고 생각한다.

두 사람이 대화를 나눈다면 '함께'가 아닌 각자 '홀로'인 두 사람이라는 매우 간단한 관계가 된다. 두 사람이 어떤 모습으로 대화할 것인지 결정하는 것은 친화력의 문제라고 생각한다. 친하지 않은 두 사람은 서로를 기쁘게 하지 못하지만, 그것은 단지 서로 그럴 생각이 없기 때문이다.

우리는 때때로 대화에 적합한 재능에 대해 이야기한다. 그리고 그것이 마치 어떤 개인에게 영구적인 자산인 것처럼 말한다. 대화는 덧없는 관계의 매개일 뿐, 다른 무엇도 아니다. 어떤 사람은 생각이 깊고 언변이 뛰어나지만, 자신의 삼촌이나 조카들에게는 한마디도 하지 못할 때가 있다. 그들은 침묵으로 인해 비난에 시달릴 수도 있지만, 그것은 그늘 속에 놓인 해시계를 비난하는 격이다. 그들도 햇빛이 비추면 시간을 표시할 것이 아닌가. 자신의 생각에 공감하는 사람들 사이라면 그도 다시 말을 시작할 것이다.

우정에는 압박과 동의로 서로의 존재를 자극하는 닮음과 다름 사이의 영역이 필요하다. 말이나 표정으로 진정한 공감을 깨뜨리는 것보다는 세상 끝까지 혼자 있는 편이 나을 수도 있다. 나는 순응하는 태도를 적대적인 태도 못지않게 싫어한다. 누구든 자기 자신이 되는 것을 한순간도 멈추지 않아야 한다.

친구가 내 편이 되었을 때 얻을 수 있는 유일한 기쁨은 내 것이 아닌 것이 내 것이 되었다는 만족이 아닐까 생각해볼 필요가 있다. 나는 단호한 결단이나 결연한 저항을 보여야 할 때 양보의 미덕을 내놓는 경우를 혐오한다. 친구의 메아리가 되느니 친구를 괴롭히는 편이 낫다고 생각한다.

높은 수준의 우정에 필요한 것은 그 친구 없이도 지낼 수 있는 능력이다. 그 고귀한 영역에는 위대하고 숭고한 책임이 필요하다. 서로 다른 둘이 있어야만 같은 하나가 될 수 있다. 그리고 그 하나는 크고 강력한 두 본성이 서로 바라보고 서로 두려워하는 동맹이 되어야 한다. 우리는 그 노정에서 상호 간의 넘나듦을 통해 자신들을 하나로 묶는 깊은 정체성을 인식하게 된다.

우정만큼
멋진 관계가
있는가

우정은 멋진 것이지만 서로 필요 이상 간섭하지 않고
침묵을 지키는 편이 좋다. 기다리면 서로의 마음이
스스로 말하게 될 것이다.

사회에 어울리는 사람은 너그러운 사람이다. 위대한 사람과
선한 사람은 언제나 자아가 조화롭게 작용한 결과임을 믿는 사람
이고, 자신의 운명에 성급히 개입하지 않는 사람이다. 우리는 이
모든 일에 섣불리 나서지 말아야 한다. 다이아몬드는 생성될 시
간이 필요하고, 영원한 것은 탄생을 재촉하지 말아야 한다. 우정
은 종교를 대하듯 해야 한다. 우리는 친구를 선택한다고 생각하
지만, 사실 친구는 스스로 선택되는 것이다. 그리고 그것의 큰 부
분은 경건함이다.

친구는 특별한 존재로 대해야 한다. 그에게는 당신이 갖지 못
한 덕목이 있겠지만, 그렇다고 해서 그를 지나치게 가까이 두면
그 덕목들은 빛을 잃는다. 조금 옆으로 물러나서 그 덕목들에게

공간을 내어주기 바란다. 그래서 그 가치가 팽창하고 널리 확산되도록 하라. 당신은 친구 외투의 친구인가, 아니면 친구 생각의 친구인가? 큰 마음을 가진 사람이라면 그 친구는 여전히 수많은 부분에서 낯선 사람일 수 있지만, 그럼에도 가장 고귀한 영역으로 다가갈 수 있게 된다.

가장 고귀한 관계를 맺는 대신 친구를 소유물로 여기며 짧고 혼란스러운 즐거움을 얻는 것은 미성숙한 소년과 소녀가 할 일이 아닌가. 우리는 오랜 유예기간을 두고 우정이라는 협회의 입장권을 얻어야 한다. 왜 그토록 고상하고 아름다운 영혼을 함부로 침범하고, 훼손하고자 하는가? 왜 친구와의 개인적인 관계에 그토록 집착하는가? 왜 그의 집을 방문하고 그의 어머니와 형제자매를 알고자 하는가? 왜 그가 당신을 방문해야 하는가? 그러한 것들이 당신에게 중요한가? 이러한 소통과 무례함은 버려라. 그가 나에게 영혼으로 다가오도록 해야 한다.

언어, 생각, 진심, 그의 시선 등 모든 것을 원하지만 바깥 소식이나 허기를 채울 수프는 필요하지 않다. 정치를 논하고 잡담을 나누고 여러 편의를 나누는 일은 쉽게 만나는 다른 지인들과 할 일이 아니겠는가. 내 친구의 세계는 나에게 자연처럼 시적이고 순수하며 보편적이고 위대해야 하지 않은가? 우리의 유대감이 저

지평선에서 잠든 구름이나 시냇물을 간지럽히는 풀 더미에 비해 사소한 것이라고 느껴야 할까? 스스로를 작다 여기지 말고 자연의 수준으로 우리를 끌어올리는 것은 어떨까?

거친 반항의 시선과 냉소적인 언행에 담긴 매력은 억제하기보다는 오히려 강화하고 증진시켜야 한다. 그가 가진 우월한 점을 칭송하는 건 어떨까. 속으로만 생각하지 말고 모든 것을 기억하고 입으로 뱉어내야 한다. 당신의 동지처럼 그를 지켜주어야 한다. 그를 영원히 아름다운 적으로 여길 뿐, 길들일 수 있다고 생각하지 말라. 경건하고 존경해야 할 사람으로 여길 뿐, 잠시 함께 했다가 이내 멀어질 허무한 인연으로도 여기지 말라. 오팔의 색조나 다이아몬드의 빛깔은 너무 가까이에서 보면 제대로 감상할 수 없는 법이다.

나는 친구에게 편지를 쓰기도 하고 받기도 한다. 이것이 누군가에게는 사소한 일로 여겨지겠지만, 나에게는 충만한 사건이다. 그것은 그가 주고 내가 받는, 혹은 내가 주고 그가 받는 일종의 영적인 은사라고 생각한다. 그 편지에는 누구도 판단의 대상으로 거론되지 않는다. 따뜻한 대사를 통해 당신의 마음은 자신을 신뢰하게 될 것이다. 그것은 입으로 발설되지는 않겠지만, 아직 이루어지지 않은 영웅들의 거룩한 예언이 난무할 것이다.

조바심으로 인해 온전히 피어날 꽃이 손상되지 않도록 우정의 고귀한 법을 존중해야 한다. 우리는 남의 것이 되기 전에 먼저 우리 자신이 되어야 한다. 옛말에 "범죄에도 한 가지 만족이 있는데, 공범과 돈독한 관계를 형성할 수 있다는 점이다"라고 했다. 그는 그가 오염시키는 존재와 같은 존재다. 처음에는 존경하고 사랑하는 사람에게 나쁘게 굴지 못하지만, 자기 통제의 가장 작은 결함이 전체적인 관계를 손상시킨다. 두 영혼 사이에 깊은 평화와 상호 존중이 형성되려면 대화 속에서 각자가 전체 세계를 대표해야 한다.

우정만큼 멋진 것이 무엇일까? 가장 웅장한 마음을 품어도 좋다. 신들의 속삭임을 들을 수 있도록 서로 간섭하지 않고 침묵을 지키는 것은 어떨까. 어떤 고상한 사람에게 무슨 말을 할지, 혹은 어떻게 대해야 할지 조언할 수 있는 사람이 있을까? 어떤 좋은 말이나 고상한 매너를 알려주어도 그것은 무의미하지 않겠는가. 어리석음과 지혜에는 무수히 많은 단계가 있어서 성급히 개입하면 더욱 어리석은 일이 된다. 기다리면 그 사람의 마음이 스스로 말하게 될 것이다. 필요한 것과 영원한 것이 당신을 압도할 때까지, 낮과 밤이 당신의 입술을 움직일 때까지 기다려야 한다.

미덕의 유일한 보상은 미덕이다. 친구를 갖는 유일한 방법은 친구가 되는 것이다. 그 사람과 가까워지기 위해 그의 집에 들어가지 말라. 그의 영혼이 당신에게서 더 빨리 도망칠 뿐이고, 그의 눈이 전하는 진실을 절대로 읽지 못할 것이다. 훌륭한 사람들을 가까이 하고자 하지만 그들은 오히려 우리를 멀리하곤 한다. 그런데 우리는 왜 그들의 삶에 개입하려 할까? 우리는 아주 늦게, 오랜 시간이 지난 후에야 사회의 어떤 노력이나 연줄, 관습, 혹은 인연을 통해서도 그들과 연결될 수 없다는 사실을 깨닫는다.

정말로 중요한 것은 우리의 본성이 그들과 얼마나 유사한가 하는 것이다. 그렇기만 한다면 우리는 흐르는 물처럼 자연스럽게 서로에게 흘러 섞일 것이다. 만약 그때도 우리가 만나지 못한다면 우리는 그들이 필요하지 않은 것이다. 왜냐하면 우리는 이미 그들이기 때문이다.

적당한 거리가
현명하다

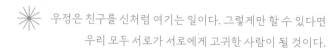 우정은 친구를 신처럼 여기는 일이다. 그렇게만 할 수 있다면
우리 모두 서로가 서로에게 고귀한 사람이 될 것이다.

우정에 기대가 크면 클수록 그것을 현실에서 실행하기란 더욱 어려워진다. 세상은 홀로 걸어가는 것이다. 우리가 원하는 우정은 꿈이자 우화일 뿐이다. 그러나 숭고한 희망은 언제나 우리의 신실한 마음에 활력을 준다. 나와 다른 곳에서, 혹은 우주 에너지의 다른 영역에서 우리를 사랑하고 우리가 사랑할 수 있는 영혼이 움직이고, 인내하고, 담대하게 나아가고 있다는 사실을 알기 때문이다.

우리는 이제 미성년의 어리석음과 실수와 부끄러움의 시대가 고독 속에서 지나간 사실을 아름답게 회고할 수 있다. 우리가 완성된 인간이 된다면 우리의 손으로 영웅들의 손을 잡게 될 것이다. 우정이 가능하지 않은 값싼 이들과 동맹을 맺기보다는 그들과 우정을 맺을 수 없다는 교훈을 얻어야 한다.

조바심은 우리를 어떠한 신적인 손길도 닿지 않은 경솔하고 어리석은 무리로 이끌 수 있다. 하지만 자신의 길을 계속 걸어간다면 조금 잃을지라도 큰 것을 얻을 수 있다. 당신은 스스로를 증명해서 거짓된 관계에서 멀어져야 한다. 그러면 세상에 나타난 낯선 이들이 당신에게 다가올 것이다. 그들은 한 번에 한두 명씩 나타나 활동하는 귀한 순례자들이며, 이들 앞에서 위대함을 참칭하는 이들은 즉시 유령이나 허깨비로 드러날 것이다.

우리의 유대가 영적인 것이 될까 우려하는 것은 기우다. 만일 그렇다면 우리는 삶에서 만난 진정한 관계를 모두 잃게 될 것이기 때문이다. 우리의 생각이 대중의 것과 다르다고 해도 자연은 분명히 우리를 지지해줄 것이다. 비록 그것이 약간의 기쁨을 덜어내는 것으로 보일지라도, 결국 더 큰 것으로 우리에게 보답할 것이다. 원한다면 우리는 절대적인 고립을 느껴볼 수도 있다.

우리는 우리 안에 모든 것이 있다고 확신한다. 세계를 여행하고, 다른 사람을 추종하고, 책을 읽기도 한다. 타인을 마주하면 자아를 더욱 잘 드러내게 될 것이라고 본능적으로 믿는다. 하지만 그것은 타당하지 않은 이야기다. 그도 우리와 똑같은 사람일 뿐이다. 우상숭배에서 벗어나야 한다. 구걸과 같은 행위도 그만두

랄프 왈도 에머슨
성공의 법칙

어라. 우리는 가장 친한 친구에게 단호히 작별을 고하며 이렇게 말할 수 있어야 한다. "무슨 일이지? 나를 그렇게 대하지 말아줘. 더 이상 신세 지고 싶지 않아."

친구여, 더 높은 곳에서 다시 만나기 위해 잠시 멀어져야 한다는 말을, 진정한 우리가 되기 위해 진정한 자기 자신이 되어야 한다는 말을 이해하겠는가? 친구는 야누스*Janus*의 얼굴을 하고 있다. 그는 과거와 미래를 볼 수 있다. 그는 내가 보낸 모든 시간의 자녀이고, 다가올 사람들의 예언자이며, 위대한 친구의 조짐이다.

나는 책을 다루듯 친구들을 대한다. 찾을 수 있는 곳에 두지만 잘 찾지는 않는 책. 우리는 자신을 기준점으로 친구들과 교류해야 하며, 사소한 이유로도 그 관계에 의지하거나 아니면 배제할 수 있어야 한다. 나는 친구와 많은 이야기를 나눌 수 없다. 그가 위대하면 나 역시 위대해져서 함께 속세에서 대화할 기회가 없다. 위대한 날들이 찾아오면 예감이 머리 위 창공을 맴돌고, 그러면 나는 그것들을 손에 넣어야 한다. 그래서 그것을 잡기 위해 수없이 배회했지만, 밝은 빛의 조각일 뿐인 그것은 하늘 위로 멀어져 갈 뿐이었다. 나는 친구들을 소중히 생각하지만 내 비전을 잃지 않기 위해서는 그들과만 대화하고 그들의 꿈에만 귀 기울이지 않는다.

나는 친구들에게 감사한다. 그들에게서 받는 것은 그들이 가진 것이 아니라 그들 존재 그 자체다. 그들이 내게 주는 것은 물리적인 것이 아닌 그들에게서 방출되어 나오는 존재가 아닌가. 하지만 그렇다고 해서 그들이 나를 덜 친근하고 덜 순수한 사람으로 여기지는 않는다. 우리는 마치 만난 적이 없는 것처럼 만나고, 떠난 적이 없는 것처럼 떠날 것이다.

최근에 내가 알게 된 사실이 있다. 어느 관계든 한 사람이 더 큰 우정을 느끼고 상대방은 적은 우정을 느낀다는 점이다. 우정을 느끼는 사람의 감수성이 크지 않을 수 있다는 사실을 왜 아쉬워해야 할까? 태양은 자신이 방사하는 빛 대부분이 헛된 공간으로 흘러가고, 빛의 극히 일부만이 행성들 표면에 가닿는다는 사실에 괴로워하지 않는다. 당신의 위대함을 무감각하고 냉소적인 주변인들에게 가르쳐보는 것은 어떨까. 그들이 당신의 말에 동의하지 않는다면 떠날 것이다. 그러나 당신은 당신 자신의 빛에 의해 존재가 확산되었고, 더 이상 개구리나 벌레의 상대가 아니다. 당신은 하늘의 신들과 함께 비상하며 타오르게 될 것이다.

평범한 사람들은 상대가 반응하지 않는 짝사랑을 부끄러운 것으로 여긴다. 하지만 위대한 사람은 안다. 진정한 관계에 감화되지 않는 건 없다는 사실을. 진정한 관계는 무가치한 것들을 초월하여 영원한 것을 품고 있다. 어설프게 덧씌워진 가면이 벗겨져도 슬퍼하지 않는다. 오히려 허다한 허물을 벗어 던진 자신의 모습에 더 큰 자유를 느낄 것이다. 물론 이러한 이야기는 관계의 훼손을 부를 수 있지만, 우정의 본질은 온전함이고 깊은 도량이자 신뢰일 뿐, 우정이 나약함을 예감하고 허약함을 부양해서는 안 된다. 우정은 친구를 신처럼 여기는 일이다. 그렇게만 할 수 있다면 두 사람 모두 고귀한 사람이 될 것이다.

사랑에
대하여

사람과 사람이 만나는 행복을 만끽하고,
삶에 대한 깊은 깨달음을 얻으며, 끊임없이 사랑하라.

영혼에 담긴 모든 약속은 가늠할 수 없는 충만함을 품고 있다.
그 각각의 기쁨은 새로운 욕구를 향해 익어간다. 자신의 앞길을
예감하며 어디에도 얽매이지 않고 유유히 흐르는 자연은 안온함
이라는 최초의 감정을 통해 한곳에 치우치지 않는 자애로운 빛의
자락을 널리 드리운다. 이 행복은 사람과 사람이 만나는 내밀하
고 부드러운 관계에서 시작된다. 그것은 삶이 주는 선물이고, 어
떤 거룩한 분노나 열정처럼 일순간 그 사람의 마음을 사로잡아 일
신에 혁명을 일으킨다. 또한 한 사람을 민족과 화해시키고, 가정
과 사회의 관계 속으로 인도하며, 새로운 깨달음을 통해 자연으
로 나아가도록 한다. 그것은 감각을 증진시키고, 상상력을 열어
주고, 영웅적이고도 신성한 성품을 더하고, 남녀 관계를 북돋아

서 인간 사회에 영속성을 부여한다.

사랑의 감정이 흔히 피 끓는 시기로 비유되는 것은, 소년 소녀 들이 자신들의 두근거리는 경험을 충만하게 느끼고 그것을 생생 한 감정으로 표현하는 데 너무 늦은 나이여서는 안 되기 때문이 다. 젊음의 달콤한 환상은 성숙한 철학의 소량의 맛조차 거부하 곤 한다. 고리타분한 이야기들은 자신들의 젊음에 피어난 찬란한 꽃을 시들게 할 것이라고 생각한다. 나의 글 역시 사랑이라는 영 토에 궁정과 의회를 구성한 이들로부터 불필요하고 딱딱한 금욕 주의라는 비판을 듣게 될 것이다. 하지만 나는 이 무서운 검열관 들에게 앞선 시대를 살았던 이들을 이야기하고자 한다.

우리가 논하고 있는 이 사랑의 열정은 어린 감수성에서 시작 되지만 더욱 무르익은 성숙한 감성도 버리지 않는다. 오히려 진 정으로 자신의 구현자인 인간이 늙는 것을 용납하지 않으며, 세 대가 다르고 성숙함이 다른 이들일지라도 나이 든 사람에게 상냥 한 소녀 못지않은 감성을 허락한다. 왜냐하면 사랑은 한 사람의 작은 가슴에서 첫 불씨를 태우고, 그것이 다른 사람의 방황하는 마음으로 번진 뒤, 더욱 확산되어 수많은 남녀와 우주의 보편적 인 마음을 따뜻하게 밝히는 불이기 때문이다. 그 너그러운 불꽃 은 세상과 자연을 밝게 비춘다. 그러므로 우리가 사랑의 열정을 스무 살, 서른 살, 혹은 여든 살의 전유물로 이야기하는 것은 적절하지 않다.

그림을 그리는 사람은 작품이 어떻게 완성될지 알 수 없고, 그림을 마무리하는 사람은 작품이 어떻게 시작됐는지 처음을 기억하기 힘들다. 오직 인내함으로, 그리고 뮤즈의 도움으로 우리는 생생하고 아름다운 진리를 구현하는 내면의 법칙에 도달할 수 있다. 중심에 뿌리내린 그 진리를 통해 우리는 어느 곳을 바라보든 세상을 바르게 볼 수 있다.

사랑의 첫 번째 조건은, 사실에 지나치게 근접하고 집착하는 습관을 버려야 하며, 우리의 감정을 과거의 사실이 아닌 희망에 비추어 들여다보아야 한다. 우리는 과거에 자신의 경험이 남긴 오류와 흔적을 주시하면서, 다른 사람의 경험이 남긴 멋지고 이상적인 결과물을 엿본다. 어떤 사람이 자신의 삶에서 가장 아름다웠던 시절이자 진실한 가르침의 자양분을 얻었던 때로 돌아간다면 오히려 마음 아파하고 고통스러워할 수도 있다. 이유는 알수 없지만, 어른이 된 후에 어린 시절을 떠올리면 기쁨과 아련한 추억으로 미련 가득한 마음이 휘감긴다. 지성과 진리의 관점에서는 모든 것이 아름답다. 하지만 경험의 측면에서는 모든 것이 아쉽다. 자세히 들여다보면 우울하기까지 하다.

계획은 언제나 타당하고 고상하다. 하지만 고뇌의 시간과 장소인 현실 세계에는 언제나 근심과 고통과 두려움이 있다. 사유의 세계와 이상의 세계에는 불멸의 환희가 있고 기쁨의 장미가 피어 있으며 도처에서 뮤즈가 노래한다. 하지만 어떤 이름과 어떤 사람과 어떤 관계의 곳곳에는 슬픔이 달라붙는다.

사람들이 사소한 이야기를 속삭이는 모습을 보면 자연이 가진 속성을 알 수 있다. 우리가 존경하는 사람에 대해 알고 싶어 하는 것은 그가 이러한 감정의 맥락에서 어떤 모습을 보일지 알고 싶기 때문이 아닐까? 도서관에서 많이 읽히는 책은 어떤 것들일까? 이야기 속에서 진실과 자연의 작은 조각이 빛을 발할 때, 그 책은 우리를 열정의 불꽃으로 태운다. 삶의 장면들 가운데 두 사람 사이의 애정이 배신당하는 경우처럼 모두의 주의를 집중시키는 것이 또 있을까? 아마도 우리는 그들을 본 적이 없고, 앞으로도 만날 일이 없을 것이다. 하지만 우리는 그들이 시선을 교환하거나 마음의 깊은 상처를 입는 모습에 감정을 보탠다.

인류는 연인을 사랑한다. 그래서 우리는 연인들을 이해하고자 하고, 그들의 관계에 매우 뜨거운 성원을 보낸다. 자연의 가장 매력적인 풍경은 마음의 만족과 위안이 드러나는 모습이다. 그것은 소박하고 누추한 곳에서 피어나는 예절이자 우아함이다. 개구

쟁이 소년은 학교 입구에서 소녀들을 놀리곤 했다. 하지만 오늘은 현관으로 달려와 어느 예쁜 아이가 책가방을 정리하는 걸 돕는다. 작은 도움을 주고자 책을 들어주는 소년은 순간적으로 소녀가 자신에게서 무한히 멀어진 신성한 장소에 있다고 느낀다. 소년은 여러 소녀들 사이를 마구 뛰어다닌다. 그러나 한 소녀 앞에 서만큼은 그렇게 하지 못한다. 방금 전까지 허물없이 가까웠던 두 사람은 이제 서로의 인격을 존중하는 법을 배운다. 실 꾸러미나 종이 몇 장을 사러 상점에 가서 잘생기고 성격 좋은 상점 소년과 30분 동안 사소한 이야기를 늘어놓는 여고생들의 매혹적이고 순박한 눈빛을 보며 흐뭇해하지 않을 사람이 있을까.

그들은 마을에서 사랑이 흡족해할 완전한 평등 상태를 살고 있다. 어떠한 교태도 없지만 여린 속삭임 속에서는 행복하고 따뜻한 본성이 흘러나온다. 소녀들이 인형 같은 외모를 하고 있진 않겠지만, 소년과는 가장 유쾌하고 믿음 가는 관계를 맺을 것이며, 에드거와 조나스와 알미라와도 그러할 것이다. 이들은 누가 파티에 초대받았는지, 누가 댄스 모임에서 춤을 추었는지, 언제 노래 강좌가 열리는지에 대해 온갖 사소한 이야기들을 나눌 것이다. 소년은 언젠가 인생의 동반자를 만나고자 할 것이고 적절한 경로를 찾아 진실하고 다정한 여성을 만나 결혼할 것이다. 하지만 밀턴이나 여러 위대한 인물들이 겪었던 사건들을 마주하는 일은 없을 것이다.

나는 어떤 공개 연설에서 지성에 대한 존중이 과하면 개인적 관계를 그르친다는 말을 들은 적이 있다. 나는 그런 모욕적인 말을 들으면 매우 당혹스럽다. 인간은 사랑이 활동하는 각각의 세계이다. 아무리 냉정한 철학자라도 자연에 반하고 사회적 본성을 역행하는 말로 젊은 영혼들이 사랑의 힘으로 구현하는 자연의 본성을 칭송할 수는 없을 것이다.

천국에서 떨어져 나온 듯한 천상의 황홀경은 청춘 남녀에게만 쏟아져 내린다. 분석과 비교를 거부하고, 이성이 아닌 환상에 압도된 아름다움은 30년이 지나면 더 이상 남아 있지 않겠지만, 기억만큼은 다른 어떤 기억들보다 오래 지속될 것이다. 그것은 나이 든 이마에 화관花冠을 남길 것이다.

랄프 왈도 에머슨
성공의 법칙

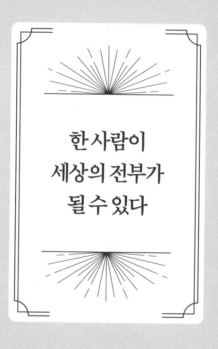

한 사람이
세상의 전부가
될 수 있다

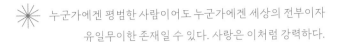 누군가에겐 평범한 사람이어도 누군가에겐 세상의 전부이자
유일무이한 존재일 수 있다. 사랑은 이처럼 강력하다.

한 가지 이상한 사실이 있다. 많은 이들이 자신의 경험을 돌
아보며, 마법의 소포처럼 사소하고도 급작스러웠지만 기대 이상
으로 화려했던 몇몇 기억을 제외하면, 자신의 인생이라는 책에는
멋진 서사가 없었다고 생각한다는 것이다. 짐작건대 그들은 자신
이 함양한 생생한 매력보다 어렴풋한 기억을 더 현실적으로 느끼
는 것 같다.

그들은 느끼지 못했을 수도 있겠지만, 만물을 새롭게 창조하
는 힘이 당신의 마음과 머리를 사로잡은 순간은 누구도 잊지 못한
다. 그것은 음악과 시와 예술의 새벽이었다. 그것은 그의 얼굴에
서 빛나던 보랏빛이었고, 아침과 저녁으로 번득이던 변화무쌍한
마법이었다. 그것은 어떤 목소리에 어떤 음조가 되어 마음을 휘

어잡았다. 그리고 어떤 형태가 환기하는 미세한 분위기는 기억이라는 보석에 고스란히 담겼다.

한 사람이 나의 눈을 사로잡아 세상이 정지됐고, 그 사람이 없는 동안은 추억만이 가득했다. 한 청년이 창문을 올려다보며 장갑과 베일과 리본과 마차 바퀴를 주시했다. 어떤 곳도 너무 외롭지 않았고, 어떤 곳도 너무 조용하지 않았다. 오랜 친구보다 그 사람과 나누는 신선한 생각과 달콤한 대화가 좋았다. 그것은 가장 순수하고 가장 가까운 친구도 줄 수 없는 것이었다. 사랑하는 사람의 모습과 동작과 언어는 물결 위에서 부서져 흩날리는 속세의 것들과 다르고, 플루타르코스*Plutarchos*가 말했듯 한밤에 "불길에 휩싸인 것" 같다.

> "떠났어도 떠난 것이 아니니,
>
> 그대 어디에 있는가?
>
> 그대 안에 당신의 조심스러운 눈을,
>
> 그대 안에 당신의 사랑하는 마음을."

인생이 정오를 지나고 오후가 되면 우리는 행복이 충분하지 않았고, 고통과 불안에 떨어야 했던 날들을 회상하며 몸서리 치

기도 한다. 자신의 경험이 사랑의 본질을 간파한 다음과 같은 사유에 닿았기 때문이다. "다른 모든 기쁨은 그것에 따르는 아픔만큼의 가치도 갖지 못하니."

예외가 있다면 이러한 순간들일 것이다. 낮이 충분히 길지 않지만 밤에도 신경을 곤추세우고 깨어 있었을 때, 침실에 누워 밤새 고민한 뒤 자애로운 판단으로 문제를 해결했을 때, 달빛이 기쁨 가득한 열병이 되고, 별의 문양이 편지가 되고, 꽃이 밀어를 전하고, 공기가 노래가 될 때, 그리고 생업의 모든 날이 힘에 겨워 동분서주하느라 거리를 거니는 모든 남녀가 그저 환영처럼 보일 때.

세상은 열정적인 젊은이들 덕분에 재건한다. 그것은 모든 것을 살아 있는 것, 의미 있는 것으로 변화시킨다. 자연은 의식을 양육한다. 나뭇가지 위의 새들도 각자의 마음과 영혼을 향해 노래한다. 그 선율은 음표로 표기할 수도 있을 것 같다. 구름은 바라보는 이에게 얼굴을 내보인다. 숲의 나무와 흔들리는 풀과 몸을 숨긴 꽃도 지성을 키워왔다. 그리고 사람들은 자신이 자연에 초대받은 사실을 믿지 못하고 두려움에 떨고 있다. 하지만 자연은 위로하고 공감하는 존재다. 그 신록의 고독 속에서 우리는 더 소중한 안식처를 발견한다.

샘의 근원이 있는 오솔길 하나 없는 숲,

창백한 열정이 사랑하는 그곳.

박쥐와 올빼미를 제외한 모든 새가

안전하게 둥지로 돌아가는 시간이면

달빛이 조용히 소요하기 시작하네.

한밤의 종소리에 신음하는 소리가 스치네.

이것이 우리가 먹고 사는 소리라네.

저 숲을 거니는 미친 사람을 보라. 그는 사랑스러운 소리와 풍경을 누리는 궁전이다. 그는 커지고 있다. 그는 두 사람 몫을 취하고, 두 팔을 허리춤에 올린 채 걷는다. 혼잣말을 하다가 풀과 나무에게도 말을 걸고, 자신의 정맥 안에 제비꽃과 클로버, 백합의 피가 흐른다고 느낀다. 발을 적시는 시냇물과도 대화한다.

자연의 아름다움에 대한 인식의 문을 연 어떤 열정은 그를 음악과 시의 세계로 안내한다. 다른 곳에서는 글솜씨를 보이지 못했던 사람이 열정 가득한 영감을 얻어 좋은 시를 썼다는 이야기가 종종 회자되곤 한다. 이러한 힘은 우리의 본성에 영향을 미쳐서 감정을 확장하고, 무뚝뚝한 사람을 온화하게 만들며, 겁쟁이에게는 용기를 준다. 그래서 가장 가엾고 비천한 사람에게 세상을 뒤

옆을 마음의 용기를 불어넣어 오직 사랑하는 사람의 모습만이 세상을 가득 채우도록 한다.

그가 다른 사람에게도 마음을 열면 그는 더욱 굳건한 자아를 찾게 된다. 그는 새로운 사람이 되어 새로운 생각과 세세한 목표를 갖게 되며, 성품과 취향에 있어서도 종교적인 엄숙함을 함양하게 된다. 그는 더 이상 가족과 사회에 구속되지 않는다. 그는 어떤 존재가 되었고 어떤 사람이 되었다. 그는 하나의 영혼이다.

이제 우리는 인간의 젊음이 발산하는 강력한 힘의 본질을 좀 더 깊이 고민해봐야 한다. 우리가 인식하고 찬사를 보내는 아름다움이라는 것은 어디서나 빛나는 태양처럼 어디서나 환영을 받으며 모든 사람을 기쁘게 하고 스스로를 즐겁게 하여 그 자체로 충분한 존재처럼 보인다. 남자는 사랑하는 여자를 가난하고 외로운 모습으로 그릴 수 없다. 부드러운 싹이 돋는 봄꽃 만발한 나무의 사랑스러운 자태는 그 자체가 이미 하나의 사회이다. 그리고 그녀는 왜 아름다움이 자신에게 사랑과 은총으로 나타나는지를 두 눈으로 가르친다.

그녀의 존재는 세상을 풍요롭게 한다. 한 사람의 연인인 그녀는 자신의 존재를 비인격적이고 거시적이고 평범한 것으로 포장하지만, 그럼에도 한 사람에게는 세상의 전부이자 모든 미덕의 구현자가 된다. 그리고 다른 모든 이를 값싸고 무가치한 존재로 격하시킨다. 때문에 연인은 상대방에게서 그녀의 친족이나 어떤 사람에게서도 닮은 점을 보지 못한다. 그의 친구들은 그녀에게서 어머니나 자매들, 혹은 친족 외 사람들과 닮은 점을 찾아낸다. 하지만 연인은 한여름 밤과 다이아몬드 같은 아침, 무지개와 새의 노래를 제외하고는 어떤 유사점도 보지 못한다.

고대인들은 아름다움을 미덕의 꽃이라고 불렀다. 타인의 얼굴과 몸가짐을 이곳저곳에서 훔쳐보는 난해한 매력을 누가 분석할 수 있었을까? 우리는 부드럽고 온화한 인상에 감동을 받지만, 우아한 심상이나 생생한 색조가 가리키는 곳을 찾을 수는 없다. 그것을 조직화하려는 시도는 상상력의 발현을 위해 거부된다. 그것은 일반적으로 언급되고 통용되는 우정이나 사랑의 관계로도 규정되지 않는다. 오히려 그것은 온전히 낯설고 도달할 수 없는 영역에 존재하고, 초월적인 섬세함과 아름다움의 양상이며, 장미와 제비꽃이 암시하고 예견하는 흔적이다.

우리는 아름다움에 닿을 수 없다. 아름다움의 본성은 은백색 비둘기의 목에서 빛나는 광택 같아서 주위를 맴돌다가 덧없이 사라진다. 그것은 세상의 가장 훌륭한 것과 닮아 있으며, 그것들은 무지개의 특성을 가지고 있어서 점유와 사용을 위한 시도를 거부한다.

　장 파울 리히터*Jean Paul Richter*는 음악에 대해 "멀리멀리 떨어진 그대, 기나긴 삶의 여정에서 지금까지도 발견하지 못했고 앞으로도 그러할 어떤 것에 대해 나에게 하는 이야기"라고 규정했다. 조형예술의 많은 작품에서도 이와 동일한 현상을 볼 수 있다. 하나의 조각상이 이해의 영역을 벗어날 때, 그리고 비판에서 벗어나 나침반과 측정기로 재단할 수 없을 때 아름다움의 이름을 얻는다. 하지만 그 아름다움을 곁에 두고 그것이 무엇을 형상화한 것인지 말하려면 능동적인 상상력이 필요하다. 위대한 조각가는 감각으로 표현할 수 있는 것에서 그렇지 않은 것으로 전환되는 지점을 표현한다. 그 순간 돌은 더 이상 돌이기를 거부한다. 위대한 시도 안온하고 만족스러운 순간이 아니라 닿을 수 없는 것을 뒤쫓는 부단한 노력의 과정에서 마주하는 환희와 불꽃 가운데 나타난다.

　같은 의미에서 내가 생각하는 아름다움이란 어떤 방법으로도 충족되지 않는 첫 아름다움 그것이다. 이야기가 쉼 없이 지속되는 순간, 그것이 세속의 만족이 아닌 빛과 환상을 드리우는 순간이 그것이다. 하지만 그것을 지켜보는 사람이 스스로를 가치 없다고 느낄 때, 자기 자신의 권리가 무력하다고 느낄 때, 영원과 일몰의 광채보다 빛나는 자신의 존재를 느끼지 못한다. 그래서 "내가 당신을 사랑한다면, 당신에게 그것은 어떤 의미입니까?"라는 말이 생겨났다. 이렇게 말하는 이유는 사랑하는 행위가 우리의 의지로 하는 게 아니라 그보다 높은 곳에 있다고 믿기 때문이다. 우리가 사랑하는 것은 그 사람이 뿜어내는 광채이다. 그것은 그 사람 자신도 알지 못하고, 알 수도 없는 것이다.

관계의 발전은
나를 발전시킨다

세상은 쉼 없이 굴러가고 시시각각 변한다는 것을 기억하라. 무엇이든 더 나은 방향으로 변하면 된다.

진정으로 지혜로운 사람들은 각 시대의 사랑을 표현했다. 그 가르침은 오래된 것도 아니고 새로운 것도 아니다. 플라톤과 플루타르코스와 아풀레이우스*Apuleius*가 그랬고, 페트라르카*Petrarch*와 미켈란젤로, 밀턴이 그랬다.

사랑의 꿈은 아름답지만, 인생이라는 연극의 한 장면일 뿐이다. 영혼은 내부에서 외부로 발현되는 과정에서 마치 연못에 던져진 돌이나 구슬처럼 자신의 동심원을 계속 확대한다. 그렇게 퍼져가는 영혼의 빛은 가장 가까운 사물인 장난감과 주변의 도구, 집, 마당, 병원, 가정부, 방문객, 지인 등을 넘어서서 정치와 지리와 역사에도 빛을 비춘다.

모든 사물과 사람은 크기나 질량과 같은 각각의 내적 법칙으로 스스로를 규정한다. 그리고 우리는 이웃과 이런저런 관계를 맺으며 크기나 숫자를 이야기하고, 그렇게 사람들과 관습에 부대끼며 스스로 가졌던 규율과 원칙을 점차 잃어간다. 인과의 원리가 실현되기를 꿈꾸고, 더 깊고 내밀한 관계를 열망하며, 내면과 외면의 조화를 갈망한다. 진보에 대한 책무와 이상향의 본능에 불이 붙으면, 타오르기 시작한 열망은 결코 사그라지지 않는다.

시간이 흐르면 흐를수록 인격을 신격화하는 비인격인 사랑도 커져만 간다. 처음에는 이러한 사실이 드러나지 않는다. 좁은 방 안에서 서로만을 바라보는 젊은이들은 오직 상대방의 생각으로 가득 차 외부 자극으로부터 자라날 중요한 열매를 생각하는 경우는 거의 없다.

식물의 번성은 나무껍질과 잎눈의 감수성에서 비롯된다. 연인들도 시선을 교환하며 인연을 깨달아 용기를 내고, 그런 다음 불타는 열정에 투신한 뒤 결혼을 약속하고 미래를 함께한다. 열정은 세상을 완전함의 단위들로 재설정한다. 영혼은 온전히 구현되어 있고 몸은 그 영혼을 담고 있다.

만일 로미오가 죽었다면 작은 별들로 부스러져 하늘로 흩뿌려졌을 것이다. 그리고 밤하늘을 아름답게 장식했을 것이다. 연인이 함께한 삶에 다른 목표는 없었으며, 줄리엣과 로미오라는 상대방 외 어떤 대상도 요구하지 않았다. 밤과 낮, 학업과 재능, 왕국과 종교가 모두 이들의 영혼에 담겨 있었기 때문이다. 이 피조물들은 깊은 영혼을 담고 있고, 그 영혼은 자신 안에 온갖 형상을 품고 있다.

연인들은 애정을 표현하고 사랑을 고백하고 관심사를 나누는 행위를 통해 기쁨을 느낀다. 떨어져 있을 때는 기억에 남아 있는 서로의 모습으로 위안을 얻는다. 그 사람도 저 별을 보고, 솜사탕 같은 구름을 보고, 같은 책을 읽고, 같은 감정을 느끼며 나를 기뻐하고 있을까 생각한다. 그들은 서로의 애정을 시험하고 가늠하며, 값진 것과 친구와 좋은 기회와 소유물들을 하나로 모은다. 그리고 머리카락 하나도 상하게 할 수 없는 아름답고 사랑스러운 연인을, 그를 위해서라면 자신의 모든 것을 기꺼이 바칠 수 있다며 기뻐한다.

하지만 인간의 숙명은 이들에게도 찾아온다. 누구에게나 그러하듯 이들에게도 위기와 아픔과 고통이 찾아온다. 사랑은 기도한다. 그리고 소중한 연인을 위하여 전능하신 분 앞에서 가약佳約을 맺는다. 자연의 모든 입자에 새로운 가치를 부여하는 약속으로 인해 관계는 황금빛 광선으로 변환되고, 영혼은 더욱 새롭고 달콤한 원소를 흡입한다.

하지만 그것은 일시적인 힘에 불과하다. 꽃도, 진주도, 시도, 애정 어린 속삭임도, 영혼의 안식처도 진흙에 머물러 있는 두려운 영혼을 온전히 만족시킬 수 없다. 그리고 마침내 안온한 껍질을 깨버린 영혼은 갑옷을 갖춰 입고 보편의 삶를 찾아 나선다. 온전한 행복을 갈망하는 두 영혼이 마주하는 것은 상대방에게서 보이는 부조화와 불균형, 그리고 결함이다.

놀라고 다투고 상처 입은 두 사람을 하나로 묶는 것은 사랑과 관용의 덕목이다. 그 힘은 어두운 나날에도 언제나 같은 자리에 있다. 멀어졌다 가까워졌다를 반복하면서도 계속해서 서로를 끌어당긴다. 이윽고 많은 것이 변한다. 그들은 이제 피상보다는 심연을 본다. 이것이 그들의 상처를 회복시킨다. 그러는 와중에도 삶은 흘러가고, 그들은 각자의 위치에서 모든 자원을 통해 상대방의 장단점에 적응하면서 우회와 조합의 융통성을 실행한다. 그들은 서로에게 인류를 대표하는 사람이 되어 그 원리의 본질이자 목적을 구현한다. 사람들이 알아야 하는 진리는 이것이다. 세상에 존재하는 모든 것은 남자와 여자라는 들실과 날실의 원리로 구현되어 있다.

세상은 쉼 없이 굴러가고 현상은 시시각각 변한다. 몸이라는 사원의 창가에 천사들이 나타나면 분노와 악덕의 신도 이내 모습을 드러낸다. 모든 덕은 연합하여 한 몸이 된다. 미덕이라는 것이 있지만 악덕 또한 미덕으로 알려지기도 한다. 한때 불타올라 서로만을 향하던 시선은 점차 사그라지고, 격정적으로 쟁취했던 것도 조금씩 색이 바라지만, 그것은 이제 깊은 이해의 영역으로 흘러든다.

그들은 점차 남녀로 할당된 선한 역할에 불평 없이 순응하고, 한때 서로를 바라보며 눈을 떼지 못했던 열정을 서로의 인생 계획에 협력하는 유쾌하고 자유로운 방식으로 교환한다. 마침내 그들은 처음에 그들을 하나로 만들었던 모든 것, 이를테면 성스럽게 보이던 자태와 마법과 같았던 매력이 얼마든지 변할 수 있으며, 흐르는 시간 속에 예측 가능한 것이라는 사실을, 그리고 그것이 집을 짓기 위한 비계와도 같은 것이었음을 깨닫는다. 또한 해가 지날수록 지성이 무르익고 마음이 정화되는 것이 진정한 결혼이며, 그것은 처음부터 예견되고 준비되어야 한다는 것, 그리고 이 모든 것이 각자의 의식을 초월한 곳에서 이루어진다는 사실을 알게 된다.

남자와 여자로 태어나 각자의 환경과 작용하며 성장한 두 사람이 한 집에 머물며 결혼이라는 이름으로 40~50년을 함께한다는 사실을 생각하면, 아기 때부터 그려온 그 사람의 마음 풍경이 이후에도 고스란히 재현되는 모습은 그리 놀랍지 않다. 본능적으로 신혼집을 장식하는 인간의 풍요로운 취향도 그리 놀랍지 않다. 자연과 지성과 예술이 한데 어우러진 축복 같은 선율을 결혼 축가로 선사하는 일도 전혀 놀랍지 않다.

이렇게 우리는 성별과 개인과 차별을 알지 못하는 사랑으로부터 훈련을 받는다. 그 사랑은 어디서든 덕과 지혜를 찾으며, 그러면서도 더욱 귀한 덕과 지혜를 얻기 위해 최선을 다한다. 우리는 본질적으로 주시하는 존재이고 학습하는 존재이다. 그것이 우리의 삶이 나아가는 모습이다. 그런데 우리는 간혹 사랑이 하룻밤 기거할 장막에 불과하다고 느낀다. 또한 사랑의 대상이 천천히, 혹은 고통스럽게 모습을 바꾸는 걸 경험하기도 한다. 사랑의 감정이 우리를 지배하고 집어삼켜 나의 행복을 특정 인물이나 주변의 사람들에게 의탁하는 경우도 있다.

하지만 평온한 일상을 회복하면 마음이 다시 들여다보인다. 그 마음속에 있는 아치 모양의 공간도, 영혼의 자락을 드리운 은하수의 편린도, 우리를 휘감았던 안온한 사랑과 두려움도 이제는 스스로의 유한성을 벗어던지고 신과 혼연일체가 되어 완전성을 향해 나아가야 한다.

영혼이 만개한 뒤 찾아올 상실을 두려워할 필요는 없다. 영혼은 무한히 신뢰할 수 있는 존재이기 때문이다. 이처럼 아름답고 매력적인 것은 그보다 더 아름다운 것으로 이어지고 계승되어야 한다. 앞으로도 영원히 그래야 한다.

Ralph Waldo
Emerson

*

The Law of
Success

4

끊임없이
배우고
탐구하라

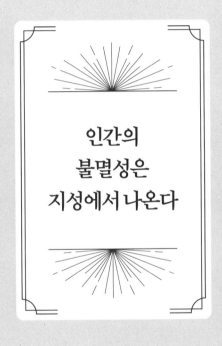

인간의
불멸성은
지성에서 나온다

지적인 생각은 미래를 바라보는 관점이기에
현재 가치는 미미할 수 있다. 허나 그럼에도 고뇌하라.

세상에서 가장 어려운 일은 무엇일까? 생각하는 일이다. 끊임
없이 생각하기 위해 추상적인 진실을 직시할 수 있는 상황도 만들
어보지만 쉽지 않다. 이쪽에서는 비틀거리고 저쪽으로는 물러서
게 된다. 신의 얼굴을 직시하면 죽는다고 말한 사람의 심중을 알
것 같다. 예를 들어, 어떤 사람이 정부의 기초를 연구한다고 하자.
쉼 없이 오랫동안 연구에 매진해도 성과를 얻기란 쉽지 않다. 그
럼에도 어떤 생각들이 머리 위로 휙휙 지나간다.

우리는 진실을 거의 이해하지 못하고 희미하게 예감만 할 뿐
이다. 밖에 나가 산책을 하고, 걷다 보면 진리가 점차 모습을 드러
내고 개념의 실마리가 잡힐 것이라고 기대한다. 하지만 진실은
보이지 않는다. 생각을 정리하기 위해서는 도서관의 고요함과 차

분한 마음이 필요할지도 모른다.

우리가 어떤 일을 고민해도 해결의 실마리가 보이지 않을 때가 많다. 그러다가 어느 순간 예고도 없이 진실이 드러난다. 먼 곳을 떠돌던 빛이 모습을 드러내면 그것이 바로 우리가 원했던 중요한 법칙이다. 하지만 그 신탁이 내려진 것은 우리가 이전에 신전을 포위했기 때문이다. 지성의 법칙은 우리를 호흡하게 하고 영감을 주는 자연의 법칙과 유사해 보인다. 심장이 수축했다가 피를 뿜어내는 것도 파동의 법칙이 아닐까. 그러므로 이제부터 당신은 당신의 두뇌로 노동해야 한다. 행위를 멈추고 위대한 영혼이 보여주는 것을 보아야 한다.

인간의 불멸성은 도덕적인 의지뿐 아니라 지성에도 확산된다. 지적인 생각은 미래를 바라보는 관점이기 때문에 현재의 가치는 미미할 수 있다. 플루타르코스나 셰익스피어, 세르반테스가 당신을 기쁘게 하는 이유가 무엇인지 생각해보길 바란다. 작가가 형상화한 진실은 등불처럼 그가 마음속에 지펴놓은 사실과 생각들이다. 보라, 그의 다락방을 어지럽혔던 잡동사니들조차 귀중한 것이 된다. 그가 개인사에서 경험한 것들은 새로운 원칙의 예시가 되고, 시대를 일깨우는 개혁이 되며, 흥미를 자극하는 신선한 매력을 보여주며 사람들을 기쁘게 한다. 사람들은 "그는 이걸 어떻게 알았지?"라고 물으며, 그의 삶에는 신성하고 남다른 무언가가 있다고 생각한다. 하지만 그렇지 않다. 그들에게는 좋은 일이 가득할 뿐이다. 다락방을 살필 등불에 불을 지필 수만 있다면 말이다.

우리는 모두 현명하다. 사람의 차이는 지혜가 아닌 예술에 있다. 나는 어느 학술 모임에서 내 의견을 존중하는 사람을 만난 적이 있다. 그는 나의 글을 보고 내 경험이 매우 특별하다고 했다. 내가 보기엔 그의 경험이 더욱 좋았다. 나에게 그 경험을 주면 나도 그와 똑같이 활용할 수 있을까. 그는 과거를 간직하면서도 새로운 것을 받아들였다. 그에 비해 나는 과거의 것과 새로운 것을 결합하는 습관을 가지고 있다. 이것은 매우 중요한 참조점이 될 것이다.

셰익스피어를 만난다고 해도 깊은 패배감에 빠져서는 안 된다. 그는 수많은 생각들을 분류하여 활용하는, 우리에게는 없는 남다른 기술을 가졌다는 점만 다를 뿐이다. 우리는 《햄릿》이나 《오셀로》같은 작품을 집필할 능력은 없지만, 인생의 위트나 삶에 대한 지혜가 묘사된 그의 작품을 읽고 편견 없이 받아들일 능력은 있지 않은가.

햇빛 아래서 사과를 따거나 건초를 만들고, 옥수수밭을 일구고 집으로 돌아가 감은 눈을 손으로 지그시 눌러보면, 여전히 눈 앞에는 햇빛이 쏟아지고 그 아래 사과가 나뭇가지 사이로 매달린 모습이 보일 것이다. 어쩌면 이후 대여섯 시간 동안은 풀 더미나 글라디올러스가 아른거릴지 모른다. 당신은 모르겠지만, 그것은 기억 기관에 남아 있는 잔상들이다. 인지하지 못한다고 해도 당신의 삶 속에 익숙해진 자연의 이미지가 기억 기관에 남아 있다. 그 순간에는 열정의 전율이 어두운 방에 빛을 비춘다. 언어가 생각의 한 지점을 포착하듯 그 생의 활력은 떠도는 이미지의 생생한 조각들을 포착한다.

우리가 얼마나 풍요로운 존재인지 알기까지는 오랜 시간이 걸린다. 인간의 역사는 대체로 단순하다. 덧붙일 것도 없고 추론할 것도 없다. 하지만 그보다 현명한 우리의 시간은 과거로 거슬러 올라간다. 어린 시절 놀림받던 기억으로 돌아가 기억의 연못에서 놀라운 이야기들을 길어 올린다. 우리가 알고 있는 어떤 어리석은 사람의 인생사도 실은 세계사 100권의 축소판일 수 있다는 생각이 들 때까지 말이다.

지성은
진실을
보게 한다

사람은 자신이 가진 지혜와 지식의 정도에 따라
다른 사람의 삶과 사고방식에 호기심을 가진다.
넓게 보고자 한다면 깊게 지성하라.

화학원소 기호표의 모든 물질은 상위 물질에 대해 음전기를
띠고 하위 물질에 대해 양전기를 띤다. 물은 나무와 철과 소금을
녹이고, 공기는 물을 용해하고, 전깃불은 공기를 용해하지만, 지
성은 불*과 중력, 원리, 방법, 그리고 자연의 지극히 미묘하고 명
명되지 않은 관계들을 저항할 수 없는 용매 속에서 녹인다.

지성은 그 지성을 축조하는 천재성 뒤에 있다. 지성은 모든 행
위나 조직에 앞서는 단순한 힘이다. 나는 자연에 나타난 지성의
역사를 차분하게 논할 수 있는 것을 기쁘게 생각한다. 하지만 그
것의 본질적인 영역과 과정을 명료하게 인식할 수 있는 사람이 누
가 있을까? 가장 현명한 의사도 어린아이의 호기심에는 당혹스러
워한다. 그럼에도 첫 질문은 언제나 던져져야 한다. 우리는 왜 마

음의 작용을 지식과 윤리, 행위 등으로 구분하고, 의지를 인식으로, 지식을 행위로 구분하는 것일까? 각각은 서로가 된다. 그것의 본성이 그러하다. 그것은 눈으로 보는 것과 같지 않고 동일한 입자들로 만들어졌다.

지성과 사유는 평범한 사람들이 듣기에는 추상적인 진리를 살피는 일로 들릴 것이다. 보통 사람들의 마음을 구획한 것은 시간과 장소이고, 그것은 당신과 나의 이익과 손해에 대한 분별 기준이 된다. 지성은 흔히 고려된 모든 개념과 구체적인 사실을 배제한 채, 마치 그 자체로 존재하는 것처럼 인식되곤 한다.

헤라클레이토스*Heraclitus*는 애정을 짙고도 변화무쌍한 안개로 여겼다. 선과 악, 애정의 안개 속에서 사람이 직선처럼 똑바로 나아가는 일은 쉽지 않다. 지성에는 감정이 섞이지 않고, 모든 물체는 과학의 빛 아래서 냉정하고 독립적으로 바라본다.

지성은 개인에게서 나와 그 자신의 인격 위에 떠다니며 내가 아니고 나의 것도 아닌 것으로 간주한다. 사람이나 장소에 이해관계를 가지는 사람은 존재의 문제를 볼 수 없다. 지성은 언제나 이것을 고민한다. 자연은 모든 것이 만들어지고 또한 서로 엮이는 현상을 보여준다. 지성은 형태를 넘어서고 벽을 뛰어넘어 멀리 있는 사물들 사이의 본질적인 유사성을 감지한 뒤 그 사물을 몇 가지 원리로 환원한다.

하나의 사실을 사유의 주제로 삼는 것은 그것의 의미를 증폭시킨다. 우리가 의도적으로 생각하지 않는 정신적이고 도덕적인 현상들은 운명의 영향을 받는다. 이것들이 우리의 일상생활에 나타났다 사라지며 변화와 두려움과 희망의 대상이 된다. 사람들은 자신의 인간적인 상태를 어느 정도의 우울감으로 바라본다. 마치 좌초된 배가 파도에 휩쓸리듯 인간은 필멸의 삶에 갇힌 채 다가오는 시간으로부터 자비를 구할 뿐이다.

하지만 지성을 통해 그것과 분리된 진리는 더 이상 운명의 소용돌이에 휩쓸리지 않는다. 우리는 그것을 걱정과 두려움을 초월한 신처럼 바라본다. 그래서 삶의 어떤 사실이나 고민과 사유의 기록은 우리의 무의식이라는 그물에서 해방되어 익명이 되고 불멸의 대상이 된다. 그것은 복원된 과거이지만, 그 과거는 영원히 보존되어 두려움과 부패를 제거한 이집트 유물보다 나은 예술이 된다. 그것은 인간의 보살핌을 벗어나고, 과학을 위해서도 헌신한다. 우리에게 전해진 묵상의 제목들은 우리를 괴롭히는 것이 아니라 우리를 지적인 존재로 만든다.

지성의 성장은 자연스럽게 이루어진다. 성장하는 마음은 자발성의 시기나 수단, 방식 등을 예측할 수 없다. 신은 개인의 문을 통해 개인에게 찾아온다. 성찰의 시대 이전에는 마음의 생각 *thinking of the mind*이 있었다. 그것은 캄캄한 무의식 속에서 오늘날 놀라운 빛으로 스며들었다.

유아기에는 주변의 사물을 보고 자신의 방식대로 수용하고 반응한다. 어떤 마음도 말하거나 행하면 법칙에 따라 이루어진다. 그 시초의 법칙은 우리가 반성을 하거나 의식적인 사유를 한 후에도 그 위에 남아 있다. 지치고 힘든 삶으로 고통받는 사람들이 토로하는 가장 큰 어려움은 직접 마주하기 전까지 앞날을 헤아릴 수 없고, 예측할 수 없고, 상상조차 할 수 없다는 데 있다. 나는 누구인가? 내가 이렇게 되기까지 나의 의지는 무엇을 했는가? 아무것도 하지 못했다. 나는 힘이 빠지고 정신이 혼미한 가운데 수많은 상념과 시간, 사건의 연속을 되새겨 본다. 나의 인격과 의지가 삶을 포기하지는 않았지만, 그렇다고 다시 일어나 재기할 실마리는 보이지 않는다.

자발성은 언제나 최고의 방책이다. 당신이 어떤 문제를 아무리 신중하게 생각하고 주의를 기울여도, 자발적인 태도만큼 어떤 문제에 가까이 다가갈 수는 없다. 예를 들어, 당신이 잠자리에서 일어나거나 아침에 밖으로 나갈 때, 전날 밤 생각한 문제가 다시 떠오른다. 우리의 사고는 경건한 환대와도 같다. 우리가 하는 사고의 진실성은 지나친 태만만큼이나 우리의 의지에 폭력적인 개입으로 훼손된다.

우리는 무엇을 생각할지 결정하지 않는다. 단지 각자의 감각을 열고, 인식에 방해되는 장애물을 제거하고, 지성이 주시하도록 허용할 뿐이다. 우리는 생각의 상당 부분을 통제할 수 없다. 즉 우리는 생각의 포로이다. 생각은 우리를 잠시 동안 자신의 천국으로 끌어올려 인질로 잡아둔다. 우리는 내일을 생각하지 않고, 내일을 우리 것으로 만들려는 노력도 하지 않은 채 어린아이처럼 두리번거리기만 한다. 그리고 점차 그 환상에서 깨어나 우리가 어디에 있었는지, 무엇을 보았는지 되새기며, 마치 그것이 진짜였던 것처럼 느낀다. 이러한 환상을 기억하는 한, 그 결과를 지울 수 없는 기억 속에 간직한다. 그리고 모든 사람과 모든 시대가 이를 확인한다. 그것을 진실이라고 부른다. 하지만 우리가 성찰하고 개선하려는 시도를 멈추는 순간, 그것은 더 이상 진실이 아니다.

우리를 이용해 이득을 취한 사람이 누구인지 생각해보면, 논리적인 추론이나 수학적인 계산으로 자연스럽게 상부에 우리보다 우월적인 존재가 있음을 알 수 있다. 우리는 모든 사람이 충분한 덕성을 갖고 있기를 희망한다. 그것이 없는 사람을 좋게 볼 수 없겠지만, 그렇다고 해서 그러한 생각을 발설할 수는 없다. 논리는 직관의 행렬 또는 비례가 가시화된 모습이다. 하지만 미덕은 조용한 태도와 같아서 그것이 명제로 나타나고 특정한 의도를 가지는 순간 그 가치를 잃는다.

우리의 마음속에는 어떤 이미지나 단어가 알지 못하는 사이에 각인되어 남아 있다. 남들에게 잊힌 일이 한 사람에게는 많은 것을 설명해주는 중요한 법칙이 되기도 한다. 우리의 진보는 피어나는 식물의 새싹처럼 천천히 피어난다. 식물에 뿌리와 잎과 열매가 있듯, 인간에게는 본능이 먼저 있고 다음에 주관이 있고 그다음에 지식이 있다. 어떤 이유를 제시할 수 없더라도 우리는 끝까지 본능을 신뢰해야 한다. 서두르는 것은 헛된 일이다. 끝까지 믿으며 진리를 향해 익어가면 그 이유를 알게 될 것이다.

우리의 마음에는 자신만의 방식이 있다. 대학을 졸업한 뒤에 그것을 습득하기란 쉽지 않다. 우리가 자연스럽게 축적한 각자의 삶의 결은 때때로 타인을 즐겁게 하고 놀라움을 주기도 한다. 왜냐하면 우리는 서로의 사적인 영역을 볼 수 없기 때문이다. 그래서 우리가 보이는 내면의 모습들은 각자 가진 부의 차이보다 더 명료하다. 당신의 운전사나 가정부에게는 자신만의 서사나 삶의 경험, 놀라운 비밀이 없다고 생각하는가? 누구나 석학만큼 많은 것을 알고 있다.

무례함이라는 마음의 벽에는 사실과 상상의 낙서가 마구 휘갈겨져 있다. 그들은 언젠가 등불을 가져와 그 문장들을 읽게 될 것이다. 사람은 누구나 자신이 가진 지혜와 지식에 따라 다른 사람의 삶과 사고방식에 호기심을 가진다. 특히 학교 교육에 만족하지 못하는 사람들은 더욱 그러하다. 건강한 마음을 가진 사람은 이 본능적인 행동을 멈추지 않는다. 이를 통해 문화의 교류가 더욱 풍부해지고 활발해진다. 그리고 마침내 관찰만 하는 게 아니라 관찰하기 위해 노력하는 성찰의 시대가 도래한다.

우리가 마음의 문을 열고 어떤 사실들의 원리를 배우고자 대화하고 읽고 실천할 때, 비로소 일정한 지향점을 가지고 추상적인 진리를 탐구하는 일에 정진할 수 있다. 가서 사유의 별들을 더욱 나아가게 하라. 그들의 빛나는 목표를 향해서. 농부는 넓은 땅에 씨를 뿌리고, 그대가 뿌리는 곡식은 영혼이 될 것이다.

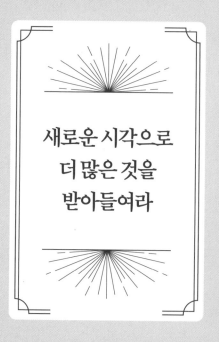

새로운 시각으로
더 많은 것을
받아들여라

지적 능력의 지표나 척도는 한 사람의 정체성을 말해준다.
그러니 많이 보고 듣고 배우며 자신의 지적 한계를 넓혀라.

세상은 덧셈과 뺄셈으로 분석되는 것을 거부한다. 우리는 학창 시절에 종교와 사랑, 시, 정치, 예술에 대한 정의를 배우느라 많은 시간을 썼다. 인류가 도달한 모든 이론의 정수를 수년 안에 머릿속에 사전처럼 채워 넣는 것을 꿈꾸며 말이다. 하지만 해가 갈수록 우리의 성과는 지지부진하고, 마침내 우리의 학습곡선은 포물선으로 결코 천상을 뚫을 수 없다는 사실을 발견한다.

지성의 완전성은 배제나 집합을 통해서가 아니라 매 순간 작동하는, 지성을 최상의 위대한 상태로 만드는 통찰에 의해 이루어진다. 그리고 그것은 자연이 가지는 전체성과 동일한 모습이어야 한다. 모든 노력을 기울여 최고의 섬세함으로 지구본을 만든다고 해서 지구를 재현할 수는 없다.

랄프 왈도 에머슨
성공의 법칙

세상은 작은 사건들을 통해 이루어지고, 자연의 법칙은 작은 사실들 가운데서 드러난다. 지성은 세상을 이해하고 세상에 작용하는 모든 행위에 있어서 완전성을 구현해야 한다. 이러한 이유로 지적 능력의 지표나 척도는 그 사람의 정체성을 말해준다.

우리는 본능적으로 낯선 사람이라도 자아를 가진 이라면 누구와도 대화할 수 있다. 구름이나 나무, 잔디, 새들도 마찬가지다. 그들도 그들의 것이 아니며 누구의 소유도 아니다. 세상은 그들의 숙소이자 식탁일 뿐이다. 하지만 구체적인 총체성을 갖는 문장을 지어야 하는 시인은 자연이 어떤 낯선 표정을 하더라도 금세 알아챈다. 시인은 타인과 엄격한 동질감을 느끼고, 모든 변화에서 다양성보다는 유사성을 더 많이 발견한다.

우리는 새로운 생각에 대한 열망으로 가득하다. 하지만 그 생각을 받아들인다고 해도 그것은 새로운 얼굴을 한 옛 몸체일 뿐이다. 설사 그것을 우리의 것으로 만들더라도 우리는 즉시 다른 얼굴을 갈망할 것이다. 즉 우리는 스스로 충만하지 않다. 하지만 진리는 자연물로부터 우리에게 다가오기 전에 이미 우리 안에 있었다. 심오한 정신은 자신의 지혜를 모든 산물에 각자의 창조된 형상으로 던져 넣었을 것이기 때문이다. 물론 창조적인 능력은 드물고 시인이 될 수 있는 사람도 많지 않지만, 우리 모두는 성령의 수신자이며, 그 흐름과 법칙을 탐구할 수도 있다. 지적 의무가 내포한 규칙은 도덕적 의무의 규칙과 매우 흡사하다.

학자들에게는 성인의 금욕 못지않은 엄격한 인내가 요구된다. 진리를 숭배해야 하고, 그것을 위해 많은 것을 포기해야 하며, 패배와 고통을 선택해야 한다. 이러한 행위들을 통해 그의 사유 속에는 빛나는 보물이 쌓인다. 신은 우리의 마음속에 진리와 안식 가운데 하나를 선사한다. 원하는 것을 선택할 수 있지만, 둘 다 가질 수는 없다. 우리는 이 둘 사이에서 진자처럼 흔들린다. 휴식에 대한 사랑이 지배적인 사람은 처음 가진 신앙과 처음 배운 철학, 첫 번째 가입한 정당을 받아들일 것이다. 그는 안식을 취하고 수혜를 입고 명성을 얻지만, 진리의 문은 열 수 없다. 진리에 대한 사랑이 지배적인 사람은 내렸던 닻을 거두고 물 위에 떠 있을 것이다. 독단주의를 거부하는 그는 자신의 존재를 벽처럼 감싸고 있는 대적자들을 바라보고 있다. 그는 긴장과 과정이라는 불편함을 감수하지만, 주변 사람들과 달리 진리의 수호자이며 스스로 존재의 최고 법칙을 존중한다.

우리는 진실을 전해줄 사람을 찾아 신발을 신고 푸른 대지를 살펴야 한다. 그럴 때 그는 말하는 것보다 듣는 것이 더 위대하다는 사실을 알게 된다. 행복한 사람은 경청하는 사람이며, 불행한 사람은 말하는 사람이다. 진리에 귀를 기울이는 한 나는 아름다운 풍경에 젖어 있고, 본성의 한계도 느끼지 않는다. 내가 듣고 보는 사람들의 주장은 수천 가지이다. 그것은 마치 깊은 대양의 물이 영혼에 들어오고 나가는 것과 같다. 그런데 내가 말하면, 나는 규정되고 정의되어 덜 존재하는 자가 된다.

소크라테스가 말할 때 리시스*Lysis*와 메넥세노스*Menexenus*는 말하지 않는다는 사실에 아무런 부끄러움을 느끼지 않았다. 그들은 심지어 그의 말을 즐겼으며, 소크라테스도 말하는 동안 그들을 존중하고 애정을 보냈다. 왜냐하면 자연에 순응하는 진실한 사람은 열변을 토하는 사람과 같은 진리를 표현하고 있기 때문이다. 말하는 사람은 자신의 뜻을 분명히 표현하고 있지만, 그 표현은 덜한 존재가 되었다. 때문에 그는 조용한 아름다움을 더욱 존중하고 경청하게 된다. 고대의 격언에 "우리는 침묵해야 한다. 신들도 그렇게 하기 때문이다"라는 말이 있다. 침묵은 남다른 개성을 파괴시키는 매개이며, 이를 통해 우리가 위대하고 보편적인 사람이 되도록 돕는다.

모든 사람의 발전은 연이어 만나는 스승들을 통해 이루어진다. 스승들은 언제나 최고의 영향력을 가진 것처럼 보이지만, 마침내는 새로운 스승에게 자리를 내주고 물러난다. 우리는 새로운 스승에게 모든 것을 토로한다. 예수께서는 아버지와 어머니, 집과 토지를 그대로 두고 자신을 따르라고 하셨다.

모든 걸 버리는 사람이 더 많은 것을 얻는다는 말은 도덕적으로나 지적으로나 옳다. 우리가 접근하는 새로운 마음은 과거와 현재의 소유물을 포기하라고 요구하는 것 같다. 처음에는 새로운 교리가 우리의 생각과 취향, 생활 양식을 전복시키는 것처럼 보인다. 스베덴보리도 그랬고, 칸트와 콜리지*Coleridge*도 그랬으며, 헤겔이나 그의 추종자인 빅토르 쿠쟁*Victor Cousin*도 이 나라의 수많은 젊은이들에게 그렇게 했다.

그들이 줄 수 있는 모든 것을 감사한 마음으로 받아들여라. 그들을 지치게 하고, 그들과 실랑이를 벌이고, 그들이 축복을 내릴 때까지 그들을 붙잡아두라. 그러면 얼마 지나지 않아 혼란은 걷힐 것이고, 과도한 영향력은 물러날 것이다. 그들은 더 이상 놀라운 유성이 아니라 당신의 머리 위에서 고요히 빛나면서, 당신의 하루에 빛을 비춰주는 밝은 별이 될 것이다.

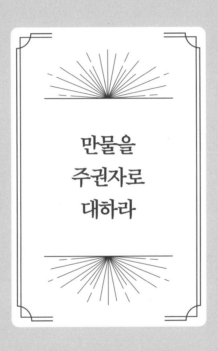

만물을
주권자로
대하라

사물과 책, 자아의 주인인 영혼도 주권자로 대하라.
어디든 배울 것은 있고, 누구에게나 얻을 것은 있다.

당신을 끌어당기는 것은 그것이 당신의 것이기 때문에 아낌없이 자신을 내주어도 좋지만, 당신을 끌어당기지 않는 것은 당신의 것이 아니므로 어떤 명성과 권위가 따르더라도 결코 자신을 내주어서는 안 된다. 완전한 자립은 지성의 영역에 속한다. 물의 모세관 기둥이 바다의 균형을 이루듯, 한 영혼은 모든 영혼의 균형에 의지하고 있다.

우리는 사물과 책, 자아의 주인인 영혼도 주권자로 대해야 한다. 아이스킬로스*Aeschylos*가 그 사람으로 인식되는 사람이라면, 그가 이미 유럽의 학자들을 천 년 동안 가르친 것으로는 충분하지 않다. 이제 그는 내가 얻은 환희의 대가로 자신을 증명해야 한다. 그렇게 할 수 없다면 그의 명성은 내게 아무 소용이 없다.

랄프 왈도 에머슨
성공의 법칙

나의 지적 완전성을 위해 수천 명의 아이스킬로스를 희생하지 않은 나는 어리석은 사람이었다. 마음의 과학인 추상적인 진리에 대해서도 같은 입장을 취해야 할 것이다. 베이컨과 스피노자, 흄, 셸링, 칸트, 혹은 누구든지 마음의 철학을 제안하는 사람은 우리의 의식 속에 있는 것들을 조금 더 나은 방식으로 번역한 것일 뿐이다. 그것은 어쩌면 그가 보는 방식이고, 그가 명명하는 방식일지도 모른다. 그러니 그 모호한 의미를 너무 고지식하게 파고들지 말고, 대신 그가 당신의 의식을 당신에게 되돌려보내는 데 성공하지 못했다고 말하면 된다. 그는 실패한 것이다.

이제는 또 다른 사람이 시도하려 할 것이다. 플라톤이 아니라면 아마도 스피노자가 다가올 것이다. 스피노자도 할 수 없다면, 또 다음은 칸트일 것이다. 우여곡절 끝에 그들이 당신을 명명하는 데 성공했다면 당신은 그것이 난해한 것이 아니라, 그 철학자들이 당신에게 복원한 단순하고 자연스럽고 일반적인 생각일 뿐이라는 사실을 알게 될 것이다.

교훈적인 이야기는 여기서 마무리하고자 한다. 주제가 자극적이라고 할지라도 나는 진실과 사랑 사이의 관계에 대해서는 더 이상 논하지 않을 것이다. 천상의 낡은 정치에 관여하고 싶은 생각이 없기 때문이다. 신들은 자신들의 갈등을 스스로 해결할 것이다. 하지만 지성의 법칙을 이야기할 때, 무례하지만 고상한 은둔자들, 즉 순수 이성의 대부이자 사유 원리의 해설자인 헤르메스 트리스메기스티*Hermes Trismegisti*의 시대를 뛰어넘는 예언과 신탁을 거론하지 않고는 논지를 충분히 전달할 수 없다.

오랜 시간에 걸쳐 그 난해한 페이지를 넘기다 보면, 옛 종교가 지배하던 고대의 세계를 소요하던 위대한 영적 지배자들의 고요하고도 장엄한 품위가 경이로워 보인다. 종교의 경건함 속에 거하는 그들은 기독교를 졸부나 명사처럼 보이게 한다. 왜냐하면 설득은 영혼에 있고 필요는 지성에 있기 때문이다. 헤르메스*Hermes*, 헤라클레이토스, 엠페도클레스*Empedocles*, 플라톤, 플로티누스*Plotinus*, 올림피오도루스*Olympiodorus*, 프로클루스*Proclus*, 시네시우스*Synesius* 등 위대한 인물 집단은 논리가 방대하고 사고의 체계가 일차적이어서 수사학과 문학의 일반적인 구별보다 앞선 것처럼 보인다. 그리고 그 자체로 문학이면서 동시에 시詩가 되고 음악이 되며, 춤과 천문학과 수학이 된다.

나는 세상에 씨앗을 뿌리는 현장에 있다. 태양 빛의 기하학으로 영혼은 자연의 기초를 놓는다. 사상의 진실성과 위대함은 그 넓이와 적용을 통해 증명된다. 왜냐하면 진실성과 위대함은 사물의 모든 시간과 면면을 주관하기 때문이다. 하지만 그 고귀한 보좌가 우스꽝스러워 보이는 것은 철없는 유피테르^{Jupiter}들이 구름 위에 앉아 시대를 논하면서, 현대인들은 보살피지 않는 거짓 평온함 때문이다.

그들은 자신의 언어가 이해하기 쉽고 세상에서 가장 자연스러운 것이라고 확신하며, 가장 명료한 주장도 이해하지 못하는 사람들의 무지에 전혀 신경 쓰지 않고 논제에 논제를 더하고 있다. 그들은 대중적이거나 설명적인 문장을 삽입할 만큼 친절하지 않으며, 이해하지 못하는 사람들의 불만이나 불평을 헤아리지도 않는다. 이제는 천사들도 하늘나라의 언어에 심취한 나머지 쉭쉭거리는 소리나 불쾌한 방언 소리를 바꿀 생각이 없으며, 이해하는 사람이 있든 없든 자신만의 언어로 말할 것이다.

세상은 모두
자기표현을
한다

자연은 자연대로, 예술은 예술대로 각자 말하고자 하는 바를
말한다. 그 안에서 진리를 찾는 것이 우리의 몫이다.

영혼은 진보하는 존재여서 결코 반복하지 않는다. 그리고 모든 행위에서 새롭고 선한 총체를 시현한다. 유용성과 아름다움이라는 흔한 관점에서 바라본다면, 예술 작품에는 이 두 가지가 모두 나타난다. 그러므로 예술은 모방이 아닌 창조를 목적으로 한다.

풍경화를 그리는 화가는 우리가 아는 것보다 더 아름다운 피조물을 탄생시켜야 한다. 세부 사항이나 내용 설명보다는 정신과 그것의 광채를 보여주어야 한다. 그의 눈에 풍경이 아름답게 보이는 것은 풍경이 좋은 생각을 발산하고 있기 때문이며, 그의 눈이 그 풍경이 발산하는 것을 포착할 능력이 있기 때문이다. 그래서 그는 자연 자체가 아니라 자연이 발산하는 것을 소중히 여기게

되고, 자신이 좋아하는 요소들을 자신의 사본을 통해 즐겨 감상하게 될 것이다. 그는 어둠에 어둠을 더하고 햇빛에 햇빛을 더할 것이다. 초상화에 사람의 특징이 아닌 성격을 새겨야 하고, 앞에 앉아 있는 사람을 완성되지 않은 그림으로 여겨야 하며, 내면의 야심찬 원본을 모사한 사본으로 간주해야 한다.

우리가 모든 영적 활동에서 관찰하는 요약과 선택은 무엇인가? 그 자체가 창조적 충동이 아닐까? 왜냐하면 그것은 광대한 의미를 매우 간단한 상징으로 변환하는 더 높은 깨달음의 입구이기 때문이다. 인간이란 자기표현을 하는 존재로서, 자연의 더 나은 성공이 아니고 무엇일까? 지평선의 형상보다 더 정밀하게 축약된 풍경, 즉 자연의 절충이 아니고 무엇일까? 그리고 인간의 연설, 그림에 대한 애정, 자연에 대한 사랑은 모두 인간의 훌륭한 성취의 일부이고, 이 성취는 지루한 여정을 생략하고 공간과 부피를 줄이고, 모든 것을 음악적인 언어와 절묘한 문체로 압축한 것이 아닐까?

예술가는 자신의 확장된 감각을 다른 사람에게 전달하기 위해 동시대에서 사용되는 상징을 사용한다. 그렇게 예술의 새로움은 언제나 이전의 낡은 것에서 만들어진다. 시간의 여정인 이 정신은 작품에 지워지지 않는 인장을 찍고 상상할 수 없는 매력을

랄프 왈도 에머슨
성공의 법칙

부여한다. 시대의 감수성이 예술가를 압도하고 그것이 작품에서 표현되는 한, 그것은 일정한 장엄함을 담보할 것이며, 후대 사람들에게도 미지의 것이자 필연적인 신성을 보여줄 것이다.

노동에서도 이러한 현현이 이루어질 수 있다는 사실을 배제해서는 안 된다. 누구도 시대와 국가에서 완전히 벗어날 수 없으며, 당대의 교육과 종교, 정치, 관습, 예술 등이 공유되지 않는 형상을 만들 수 없다. 예술가가 특별히 독창적이거나 고집스럽지 않고 환상을 그리고 있지 않다고 해도, 그의 작품에 배어 있는 자신의 생각과 흔적들은 결코 지울 수 없다. 예술가가 자신의 양식과 특성을 벗어나고자 하면 오히려 그것을 더욱 드러내게 된다. 예술가는 스스로 인식하지 못한다고 해도, 자신의 의지와 시야를 벗어나 자신이 숨 쉬는 대기와 동시대 사람들이 살고 일하고 생각하는 토대를 반영하게 된다. 그래서 하나의 작품 안에는 예술가의 재능보다 더 큰 매력이 있으며, 그것은 마치 예술가의 연필이나 끌이 거대한 손에 이끌려 인류의 역사에 문장을 새기고 있는 모습과 같다.

같은 의미로 이집트 상형문자와 인도와 중국과 멕시코의 우상들이 아무리 허술하고 투박하고 단순해도 중요한 가치가 있다. 그것은 당대가 표현한 인간 영혼의 높이를 나타내며, 환상적이지는 않지만 시대의 깊이만큼의 필요성에 의해 만들어졌다. 나는 현존하는 조형예술의 모든 산물들은 최고의 역사적 가치를 가지고 있다는 점을 강조하고 싶다. 그것은 누군가의 명령에 따라 모든 존재를 행복에 이르도록 하는, 완벽하고 아름다운 운명의 초상화에 그려진 한 획이기 때문이다.

역사적으로 볼 때, 예술은 아름다움을 인식하는 방법을 가르쳐왔다. 우리는 아름다움에 빠져 살지만, 우리의 눈은 명료하지 않다. 예술은 개별적인 취향을 드러내서 잠재적인 감동을 일깨워야 한다. 우리는 형상의 신비를 배우는 학생이 되어 조각하고 그리거나, 혹은 그렇게 만든 작품을 감상한다.

예술의 미덕은 초연함, 즉 무한한 다양성으로부터 하나의 대상을 초연하게 만드는 데 있다. 사물들을 통합하여 하나의 정신이 나타날 때까지 지켜보는 즐거움은 감동적이지만, 그것은 사유의 영역이 아니다. 그곳에서 우리의 행복과 불행은 생산적인 모습을 보이지 않는다. 어린아이처럼 행복한 기분에 잠겨 누워 있지만, 그의 개인적인 성격은 배경과 분리되어 자신의 일과를 하는 실질적인 실행을 통해서만 드러난다.

사랑과 모든 종류의 열정은 각각의 존재를 하나의 형태로 집중시킨다. 어떤 사람은 자신이 주목하는 대상이나 생각, 언어를 모든 것이 배제된 충일한 마음으로 포용하며 그것을 통해 세상과 소통한다. 이들은 예술가나 연설가가 되고, 사회 지도자가 된다. 분리하여 확장하는 힘은 웅변가나 시인의 손에 익은 수사학의 본질이다. 특히 에드먼드 버크*Edmund Burke*와 조지 고든 바이런*George Gordon Byron*과 토머스 칼라일*Thomas Carlyle*이 구사한 수사법, 즉 사물이 순간적으로 드러내는 경이로움을 폭발시키는 힘은 화가나 조각가가 색깔과 돌로 표현한 것과 다르지 않다. 그 힘은 예술가가 대상을 통찰하는 사유의 깊이에 달려 있다.

모든 사물은 자연에 뿌리를 두고 있고, 당연히 세계를 대표하며 우리 눈앞에 나타나곤 한다. 그러므로 천재의 모든 작품은 시대의 폭군이며, 그 자체에 주의를 집중시킨다. 그것은 오페라였고 풍경화였으며, 동상이나 연설, 사원 건설, 군사 작전, 대항해 등의 이름으로 자신의 가치를 열거해왔다. 이제 우리는 그것을 다른 대상으로 옮기려 한다. 그것은 처음의 것과 마찬가지로 또 다른 하나의 세계가 될 것이다. 이를테면, 정성스럽게 가꾼 정원이 그것인데, 처음에는 정원을 조성하는 일만 가치 있는 것처럼 보인다. 내가 공기나 물, 땅에 대해서 잘 알지 못했다면 불이 세상에서 가장 좋은 물질이라고 생각했을 것이다.

나무 사이를 뛰어다니며 숲을 하나의 큰 나무처럼 즐기는 다

람쥐도 사자 못지않게 멋지고 자족하는 삶으로 그 자리를 대표한다. 좋은 발라드는 고대의 서사시가 그랬던 것처럼 듣는 동안 귀와 마음을 사로잡는다. 대가가 그린다면 개나 돼지도 미켈란젤로의 벽화 못지않게 훌륭하고 생생하다. 이처럼 훌륭한 대상들을 만나 우리는 마침내 세계의 광대함을 배우고, 어느 방향으로든 무한히 뻗어나갈 수 있는 인간 본성의 풍요로움을 느낀다. 그리고 나는 첫 작품에서 나를 놀라게 하고 매혹시켰던 것이 두 번째 작품에서도 감동시킨다는 사실을 알게 되었다. 결국 모든 것의 탁월함은 하나로 수렴되는 것이다.

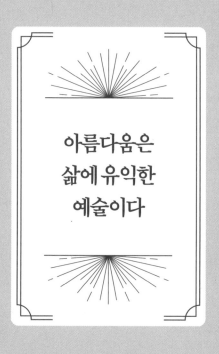

아름다움은
삶에 유익한
예술이다

아름다움은 삶에 유일한 예술로 되돌아와야 하며,
훌륭한 예술과 유익한 예술을 구별하는 일은 그쳐야 한다.

우리가 예술에 관한 멋진 말을 했을 때도, 우리가 알고 있는 예술은 초기 단계에 불과하다는 솔직한 고백을 해야 글을 마무리 지을 수 있을 것 같다. 우리는 예술가들이 달성한 실질적인 결과가 아니라 그들이 지향하고 목표한 것에 대해서 최고의 찬사를 보낸다. 그들은 예술의 황금시대는 지났다고 믿는 세태를 비웃었다. 일리아드*Iliad*나 그의 후속 인물들이 의미하는 것은 권력이다. 파도나 물결은 세태의 흐름을 상징한다. 영혼은 최악의 상황에서도 그것을 극복하는 인간의 끝없는 노력의 상징이다.

예술이 세상에서 가장 강력한 영향력과 어깨를 나란히 하지 못한다면, 예술이 도덕적이면서도 실용적이지 않다면, 예술이 양심과 관련되지 않는다면, 예술이 가난하고 못 배운 사람들에게

랄프 왈도 에머슨
성공의 법칙

고양된 활력의 소리를 듣게 하지 못한다면, 예술은 아직 충분히 성숙하지 못했다.

예술에는 예술보다 더 높은 목표가 있다. 그것은 불완전하고 타락한 본능을 잉태하지 않게 하는 일이다. 예술은 창조의 필요성이다. 그러나 본질적으로 예술은 절뚝거리는 발이나 묶인 손으로 작업하는 일을 참지 못하며, 그림이나 조각상으로도 절름발이와 괴물을 만드는 것을 견디지 못한다.

인간과 자연을 창조하는 일이 예술의 목적이다. 그 안에서 우리의 모든 에너지를 발산할 출구를 찾아야 한다. 우리가 할 수 있는 한에서만 그림을 그리고 조각을 할 수 있다. 예술은 즐거움을 주어야 하며, 사방에 놓인 상황의 벽을 무너뜨려 작품이 예술가에게 보여준 것과 동일한 보편적 관계성과 영혼의 감각을 대중에게 선사해야 한다. 예술의 가장 고귀한 효능은 새로운 예술가를 만드는 일이다.

만일 인간에게 창조의 법칙을 제정할 자격이 주어진다면, 예술이 자연의 왕국으로 끌어올려져 여러 부분으로 나뉜 뒤 각자도생하는 모습을 그치게 할 것이다. 현대 사회에서 창의력과 아름다움의 샘은 말라버렸다. 대중 소설이나 연극, 연회장의 모습을 보면 모두 존엄성도 없고 기술이나 근면성도 없는, 이 세상이라는 구호소에 던져진 빈민 같다.

예술은 가난하고 비루해졌다. 고대의 이상인 비너스와 큐피드를 미간이 찌푸려질 낯선 모습으로 그리며 기이한 형상을 예술에 끌어들인 유일한 변명은 먼 옛날의 비극을 설명하던 철 지난 필연성이었다. 또한 당시 예술가들은 형태에 대한 열정에 사로잡혀 자신들의 취향에만 몰입한 형상을 만들었고, 그 열정은 연필이나 끌의 품격을 높여주지 못했다.

지금의 예술가와 평론가들은 예술을 통해 자신의 재능을 과시하거나 삶의 해악으로부터 피난처를 찾고 있다. 사람들은 상상의 세계에 만족하지 못하고 예술에 투신하여 오라토리오 *oratorio*(16세기에 시작된 대규모 종교 악곡 — 옮긴이)와 조각상, 그림을 통해 자신의 수준 높은 감각을 전한다.

예술은 육체적인 것과 동일한 강건함을 추구한다. 즉 유용한 것에서 아름다움을 분리하려 하고, 자신의 방식을 불가피하다고 여기며, 혐오를 기꺼이 즐기는 모습을 보인다. 이처럼 삶의 위안과 금전적 보상, 아름다움과 실용성, 여러 자연의 법칙들을 분리하는 것은 가능하지 않다. 종교나 사랑이 아니라 쾌락을 위한 아름다움을 추구하는 순간, 그 아름다움은 추구하는 사람의 품격을 떨어뜨린다. 캔버스나 돌, 소리, 그리고 문학 작법 등에서 더 이상 고귀한 아름다움을 찾기 힘들며, 아름다움이라고 부를 수 없는 나약하고 병든 탐미주의만이 득세하고 있다.

분리된 예술은 스스로 먼저 해체된다. 예술은 피상적인 재능이어서는 안 되며, 먼 인류에게서 그 시작을 보아야 한다. 이제 사람들은 자연을 아름답게 바라보기보다는 자연을 아름답게 모사한 조각상을 만들러 간다. 그들은 인간을 시시하고 따분하며 변덕스러운 존재로 여겨 혐오하고, 대신 화려한 색의 가방을 들고 대리석 덩어리를 감상하러 간다. 삶이 지루하다고 느끼고 스스로 시적이라고 부르는 죽음을 지향하고, 하루 일과를 허드렛일처럼 처리한 뒤 관능적인 몽상에 빠져든다. 그들은 먹고 마시지만 이상의 실현은 먼 훗날로 미룬다. 그래서 예술은 비하된다.

예술이라는 이름은 사람들의 마음속에 부차적이고 부정적인 이미지를 새긴다. 예술은 상상 속에서도 자연과 대립하고 섣불리 죽음을 포용한다. 먹고 마시기 전에 이상을 이야기하는 것이, 그래서 더 높은 곳을 지향하는 것이 더 낫지 않을까? 우리는 먹고 마시고 숨 쉬는 인체의 기능을 위해 이상을 꿈꾸는 것일까?

아름다움은 삶에 유익한 예술로 되돌아와야 하며, 훌륭한 예술과 유익한 예술을 구별하는 일은 그쳐야 한다. 만일 삶이 고귀했고 역사가 이를 진실하게 전한다면, 두 가지 사실을 구분하는 일은 매우 어렵거나 불가능할 것이다. 자연에서는 모든 것이 유익하고 아름답다. 자연은 살아 있고, 생동하며, 스스로 발전하기 때문이다. 이 모든 것이 균형을 이루고 선을 이루어 인간의 삶에도 유익을 준다.

진정한 예술은 멈추지 않고 언제나 흐른다. 가장 감미로운 음악은 오라토리오에만 있는 것이 아니라 온화함과 진실과 용기에 즉각적인 생명력을 부여하는 인간의 목소리에도 있다. 오라토리오는 이미 아침과 태양과 대지와의 관계성을 잃었지만, 설득력 있는 목소리는 자연과 조화를 이루고 있다.

모든 예술 작품은 홀로 존재해서는 안 되며 즉석에서 공연되어야 한다. 위대한 사람은 태도와 행위에 있어서 새로운 조직성이다. 아름다운 여인은 바라보는 이들의 마음을 움직이는 그림이다. 인생은 서정적일 수도 있고, 서사적일 수도 있으며, 시나 로맨스일 수도 있다.

아름다움은 법률로 압박한다고 해서 출두하는 것이 아니다. 그리스의 역사가 영국이나 미국에서 그대로 반복되지도 않는다. 언제나 그렇듯 그것은 예고 없이 찾아오고, 용감하고 진실한 사람들의 두 발 사이에서 솟아오를 것이다. 우리가 위대한 예술을 탄생시키기 위해 옛 작품에 반영된 정신을 찾는 일은 부질없다.

초원과 길가와 작업장과 방앗간에서, 유용하고 참신한 진실 가운데서 아름다움과 거룩함을 보는 것이 인간의 본성이다.

우리가 거룩한 마음으로 살아간다면 철도와 보험과 주식회사도 덕성을 구현할 것이다. 지금 우리가 이익을 취하는 법률도, 집회와 상거래도, 배터리와 가전도, 분광계와 화학자의 시험관도 마찬가지다. 우리의 노동이 굴종하는 대규모 산업과 공장과 철도와 기계를 통한 이익의 극대화가 지금의 이기적이고 잔인하기까지 한 사회를 만든 것은 아닐까? 영국과 뉴잉글랜드 항구를 행성을 운행하듯 정확한 시간에 오가는 대서양의 증기선은 자연과 조화를 이루는 인간의 발걸음이다. 자기력으로 레나강 유역을 운행하는 상트페테르부르크*St. Petersburg*의 배는 약간의 힘만 주어져도 멋진 항해를 한다고 한다. 과학이 사랑으로 가르쳐지고 사랑으로 추동된다면, 그 힘은 물질적 창조의 보완재가 되어 자연을 영속하게 할 것이다.

Ralph Waldo
Emerson

✳

The Law of
Success

5

있는
그대로를
직시하고
받아들여라

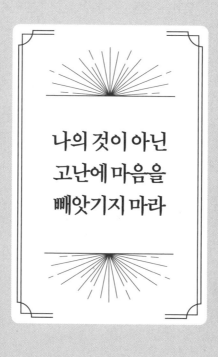

나의 것이 아닌
고난에 마음을
빼앗기지 마라

자연과 더불어 살면서 자신의 것이 아닌 고난을
마음에 들이지 않는다면 건강한 삶을 영위할 수 있다.

우리가 자신을 돌아보고 사유의 빛으로 자아를 성찰하면, 아름다운 것들로 아로새겨진 삶의 풍경이 보인다. 우리가 걸으면 뒤에서 구름이 함께하고 온갖 사물들이 흥겨운 표정으로 스쳐 지나간다. 익숙하고 친근한 것뿐 아니라, 슬프고 아픈 기억들도 추억의 사진 속에서는 아름답기만 하다. 강둑과 물가의 잡초, 낡은 집 그리고 순박한 사람은 스쳐가는 가벼운 인연도 좋은 기억으로 품는다. 심지어 방 안에 시신이 놓여도 그곳에는 고적한 장식미가 더해진다.

영혼은 추함도 고통도 알지 못한다. 이성이 밝게 빛나는 시간에 가장 엄격한 진실을 말한다면, 우리는 지금껏 어떠한 손해도 본 적이 없다. 우리의 충일한 마음은 너무나 거대해서 우리가 무엇을 잃는다고 느끼지 못한다. 손실과 고통은 특별하지만, 우리 내면의 우주는 상처 입지 않은 채 남아 있다. 어떤 괴로움과 상처도 우리의 내면을 허물지 못한다. 누구도 한 사람의 슬픔을 그 사람보다 가볍게 말할 수 없다. 가장 힘들고 고통스러운 상황에 놓인 예술가의 푸념은 존중해야 한다. 그가 노력하는 것도, 고난을 당하는 것도 그가 유한한 인간이기 때문이다. 무한한 존재는 그저 편안히 미소 지으며 누워 있을 뿐이다.

자연과 더불어 살면서 자신의 것이 아닌 고난을 마음에 들이지 않는다면 깨끗하고 건강하고 지적인 삶을 영위할 수 있다. 자신의 지성에 실망할 필요는 없다. 마땅히 행해야 하고 말해야 할 바를 하면 된다. 많은 지식을 쌓지 못했더라도 우리의 본성은 지적인 불통과 회의를 추구하지는 않는다.

젊은이들은 원죄와 근원적인 악, 예정설 같은 신학적 문제로 병들어 있다. 이러한 문제들이 누군가에게 실질적인 고난을 안긴 적이 없으며, 그 문제에 관심 없는 이들을 어둠으로 들어서게 하지도 않았다. 그것은 영혼의 전염병이고 영혼의 홍역과 백일해이다. 이러한 질병을 앓지 않은 사람은 자신의 건강 상태를 설명할 이유도, 약을 처방받을 필요도 없다.

우리가 소박한 마음을 가진다면 이러한 적들이 존재한다는 사실조차 알지 못할 것이다. 그런데 누군가 자신의 믿음을 고백하는 일과 자신의 내적 규율과 자유의 관계를 신앙의 측면에서 설명하는 일은 전혀 다른 문제다. 후자를 위해서는 조금의 능력이 필요하다. 물론 자각하지 못하면서 자신의 존재에 내적인 강인감과 고결함을 가진 이들도 있다. 하지만 그것은 몇 가지 '충직한 본능'과 몇 가지 '평범한 규칙'이면 충분하다.

내 의지는 결코 내 마음속에 순위표를 작성한 적이 없다. 정규학업과 대학과 전문 과정들은 학교 벤치 아래 한가로이 놓인 책들보다 더 좋은 것을 나에게 보여준 적이 없다. 교육이라고 부르는 것들보다 그런 이름 밖에 놓인 것들이 더 소중하다. 우리는 어떤 생각을 받아들일 때 그것의 상대적인 가치에 대해 어떤 선입견도 갖지 않는다. 하지만 교육은 자연이 자신에게 속한 본성을 선택하는 당연한 섭리를 방해하고 저지하는 데 힘을 쓴다.

마찬가지로 우리의 도덕적 본성은 우리 의지의 간섭으로 훼손된다. 사람들은 미덕을 강요하고 자신의 성취를 과시한다. 고상한 성품을 칭찬받을 때도 유혹에 맞서 싸우는 저 사람이 더 훌륭한 것은 아닌지 고민한다. 하지만 그러한 고민은 아무런 의미가 없다. 신의 섭리가 거기에 있거나 없거나 둘 중 하나일 뿐이다. 활동적이고 개성적인 사람이 있다면, 우리는 그에게 매력을 느낀다. 그리고 자신의 미덕에 대해 의식하거나 고민하지 않는 사람을 더 좋아한다. 플루타르코스는 호메로스의 시처럼 전개되어 흘러간 티몰레온*Timoleon*의 승리가 최고였다고 말했다. 우리가 장밋빛처럼 장엄하고 우아하며 기분 좋은 행동을 하는 사람을 볼 때, 그런 일이 있을 수 있다는 사실을 신께 감사해야 한다. 그리고 "자신의 내적 타락에 대항한 저 아무개가 더 나은 사람이다"라며 천사에게 투덜대지 말아야 한다.

중요한 문제는 삶에서 우리 자신의 의지보다 자연의 법칙이 힘이 세다는 점이다. 사람의 의지가 역사를 바꿀 가능성은 생각보다 적다. 우리는 카이사르와 나폴레옹을 보며 그들이 가졌던 깊은 안목을 칭송한다. 하지만 그들이 가졌던 능력의 최대치는 그들 안에 있지 않고 자연 안에 있었다. 비범한 성공을 거둔 사람들은 언제나 이렇게 진실을 노래했다. "영광을 우리에게 돌리지 마옵소서, 영광을 우리에게 돌리지 마옵소서."

그들은 당대의 신앙에 따라 행운과 운명의 여신이나 성 줄리안*St. Julian*의 제단을 세웠다. 그들의 성공은 그들의 사유와 일치했으며, 사유의 궤적은 막힘없는 통로를 만났다. 그리고 자신들이 수행했던 일이 기적으로 나타나자 모든 것이 자신들의 업적인 듯 여겨졌다. 하지만 전선이 전기를 만들었는가? 전선이 할 수 있는 일은 다른 물건보다 많지 않고, 전선의 미덕은 매끄럽고 속이 비어 있는 것뿐이다. 일견 불굴의 의지와 불변의 진실로 보였던 것이 사실은 기꺼이 돕는 마음과 자리를 내주는 마음이었다.

셰익스피어가 셰익스피어의 이론을 타인에게 전수할 수 있을까? 수학의 천재가 수학을 바라보는 자신의 지력을 타인에게 전달할 수 있을까? 누군가 그 비밀을 전달하려 한다면 과장되었던 가치가 사라질 것이고, 비밀스러운 힘은 한낮의 빛과 생명의 에너지에 희석되어 힘을 잃고 사라질 것이다.

우리가 깨달은 것은 우리의 삶이 지금보다 훨씬 쉽고 단순할 수 있다는 사실이다. 세상은 지금보다 더 행복한 곳이 될 수 있고, 투쟁과 광기와 절망이 없고, 손이 비틀리고 이를 갈 이유도 없다. 우리는 때때로 스스로 악을 창조하는 우를 범하여 자연의 낙천주의를 방해한다. 왜냐하면 우리가 과거에서 교훈을 얻거나 현재에 더 나은 생각을 하게 되면, 그것이 자기실현이 이루어진 원인이라고 생각하기 때문이다.

자연의 외적인 얼굴은 언제나 같은 교훈을 설파한다. 자연은 우리를 초조하게 하거나 화나게 하지 않는다. 자연은 우리의 자애로움이나 학식을 전쟁이나 사기보다 선호하지 않는다. 우리가 전당대회를 마치고, 혹은 은행 업무를 마치고, 낙태나 금주 관련

집회를 끝내고, 아니면 초월주의자 클럽*Transcendental club*을 파하고 들판과 숲으로 발걸음을 옮기면, 자연은 우리에게 속삭인다. "자네, 날씨가 덥지 않나?"

우리는 기계적인 모습으로 살아간다. 기필코 간섭하고 고집을 관철하는데, 그 결과 사회의 희생과 미덕은 가증스러워진다. 사랑은 기쁨을 주어야 한다. 그러나 우리의 자애로움은 불행하다. 주일학교와 교회 모임과 빈민 단체는 목에 짊어진 멍에와도 같다. 아무도 기뻐하지 않는 일을 위해 우리는 고통을 겪는다. 목표로 하는 동일한 목적지에 도달하는 자연스러운 방법이 있지만, 그들은 결코 그곳에 이르지 않는다.

왜 모든 미덕이 같은 방식으로 작동해야 하는가? 왜 모두가 달러를 융통해야 한다고 생각하는가? 돈은 누군가에겐 불편한 물건이며, 그것으로부터 좋은 일이 일어날 것이라고 생각하지도 않는다. 모두가 달러를 가지고 있진 않다. 하지만 상인들은 가지고 있다. 그렇다면 그들이 그들에게 주도록 하면 어떨까. 농부들은 옥수수를 줄 것이다. 시인들은 노래를 들려줄 것이다. 여성들은 바느질을 할 것이다. 일꾼들은 일손을 빌려줄 것이다. 아이들은 꽃을 가져올 것이다. 그러니 주일학교라는 무의미한 모임에 집착할 필요가 없다. 어린아이가 묻고 어른이 가르치는 것은 자연스럽고도 아름다운 일이다. 하지만 어린아이가 질문을 받는다면 답하는 데 충분한 시간이 필요하다. 어린아이를 자신의 의사에 반해 무리하게 의자에 앉히고 한 시간 동안 질문하도록 강요해서는 안 된다.

멀리서 보면 모든 것이 비슷하게 보인다. 법이나 문학도, 삶의 신조와 방식도 진리가 희화화된 양상인 듯하다. 우리는 언제나 자연으로부터 교훈을 얻어야 한다. 열매는 익으면 떨어진다. 열매가 떨어지면 잎사귀도 떨어진다. 물의 순환이 주기를 다한 것이다. 우리의 삶도 그러하다. 내 몫으로 정해진 것이라면 피하려 해도 피할 수 없다. 깨달은 것은 우리의 고난이 아닌 것에 집중하지 않는다면, 우리의 삶이 지금보다는 훨씬 단순하고 쉬울 거라는 것이다.

소명을
다하라

사람은 누구나 자신만의 고유한 일을 수행하는 능력인
소명을 가진다. 여전히 헤맨다면, 자신에게
어떠한 소명과 의미가 있는지 헤아려보라.

주변에서 벌어지는 일들을 주의 깊게 살펴보면, 우리는 인간
의 의지보다 더 상위의 법칙이 모든 것을 운행한다는 걸 알게 된
다. 이것을 거부하는 분투는 불필요하고 결실도 없다. 오히려 우
리는 쉽고 단순하고 자발적인 행위를 통해 강해지며, 순종하고
자족하는 마음 덕분에 신성해진다. 믿음과 사랑, 즉 사랑을 믿는
행위를 통해 우리는 무거운 짐을 덜게 될 것이다.

신은 존재한다. 자연법칙의 중심과 사람의 의지 상층에 영혼
이 있기 때문에, 우리 중 누구도 우주의 힘을 거스를 수 없다. 그
힘은 자연에 강력한 마법을 불어넣는데, 그 조언을 받아들일 때
우리는 행복을 찾을 것이고, 그 피조물에 상처를 입히고자 할 때
우리의 손이 마비되어 몸에 붙거나 가슴을 치게 될 것이다.

세상의 모든 일이 우리에게 믿음을 가르쳐주고, 우리는 순종하면 된다. 각자를 위한 조언이 있다면 겸허한 마음으로 모든 것을 경청하면 된다. 우리는 옳은 말을 듣게 될 것이다. 당신은 왜 당신의 집과 직위와 친구와 유행과 즐길 거리를 그토록 고민하며 선택하는가? 당신은 선택을 하는 데 있어서 대중을 추종하거나 특정 파당을 고려하지 않을 권리가 있다. 당신에게는 당신에게 맞는 현실과 좋은 장소와 마음 가는 행위가 있다.

부유하는 모든 존재들에게 생명을 불어넣는 힘과 지혜의 원천에 그대 자신을 놓아두라. 그러면 당신은 노력 없이 진리와 옳음과 온전한 만족에 이르게 될 것이다. 그리고 적대자들에게 옳지 않다고 말할 수 있게 된다. 그렇게 된다면 당신은 세상이 되고 옳음과 진실과 아름다움의 척도가 된다. 만일 우리가 터무니없는 간섭으로 문제를 야기하지 않는다면 인간의 삶과 사회는 물론 문학, 예술, 과학, 종교도 지금보다 훨씬 나아질 것이다. 태초부터 예언했고 지금도 마음속 깊은 곳에서 예감하고 있는 저 하늘은 지금도 장미와 공기와 태양이 그러하듯 스스로 운행하고 있다.

나는 이렇게 말하고 싶다. 선택하지 말라. 이것은 일반적으로 사람들 사이에서 선택이라고 불리는 것과 구분하기 위해서 하는 말이다. 사람들이 하는 선택은 대상을 분할하는 행위이고, 손과 눈과 입맛에 따라 대상을 취하는 행위이지, 인간의 총체적 행위가 아니다. 내가 옳음 또는 선함이라고 부르는 것은 나라고 하는 자아의 선택이다. 내가 천국이라고 부르고, 내적으로 열망하는 것은 내 자아에 바람직한 상태나 환경이다. 그리고 내가 전 생애 동안 수행하는 일들은 자아에 필요한 자원을 얻기 위함이다.

우리는 일상의 기술이나 직업에 몰두하는 이유를 이해하는 사람이 되어야 한다. 어떤 행위가 직업의 관습이라는 말은 더 이상 변명이 될 수 없다. 나쁜 직업이라는 말이 어떻게 성립될 수 있을까? 그의 성품에는 이미 자신만의 직업이 있지 않은가.

누구나 자신만의 천직이 있다. 그 재능이 그를 불러들인다. 하나의 방향이 있고 그곳에서 공간이 그를 향해 개방된다. 그는 자신을 무한한 열정으로 이끄는 자원을 가지고 있다. 그는 강을 따라 운행하는 배와 같아서, 사방으로 부딪히는 장애물을 하나씩 돌파하며 깊어지는 강물을 따라 무한의 바다로 고요히 흘러든다.

재능이 실현되는 모습은 개인의 삶과 유기적이고, 자신의 내부에서 영혼이 발현되는 양상과 관련된다. 그는 점차 자신에게 쉽고 이롭지만 다른 사람은 그렇지 않은 일을 하게 된다. 그에게는 경쟁자가 없다. 그가 자신의 능력을 더욱 깊이 숙달할수록 그의 일은 다른 이들과 더욱 차이를 보일 것이다. 그의 야망은 능력에 정확히 비례한다. 첨탑의 높이가 밑면의 면적에 따라 결정되는 것과 같다.

사람은 자신만의 고유한 일을 수행하는 능력인 소명을 가지고 있으며, 누구도 다른 사람의 소명을 가질 수 없다. 누군가 타인의 소명을 추구하고, 이름과 관계에 몰두하며, 자신이 '보통 사람과 다른 특별한 표식'을 가졌다고 주장한다면 그는 위험한 광신주의자다. 사람에게 내재한 하나의 마음을 존중하지 않는 둔감한 사람일 뿐이다.

우리는 일을 하면서 스스로 주도하고 싶은 욕구를 느끼고, 일을 즐길 수 있는 자신의 취향을 만들어낸다. 그리고 그 일을 하면서 자신을 드러낸다. 대중 연설의 나쁜 점은 자신의 주장만 고집스럽게 내세운다는 점이다. 어느 곳이든 어떤 연설가든, 혹은 평범한 사람이든 자신을 옭아매고 있는 고삐를 풀어야만 한다. 자신에게 어떤 소명과 의미가 있는지 진심으로 헤아려보라. 우리는 직장이나 생업의 현장에서 관습적인 지침을 준수하고 개가 회전톱을 돌리듯(쉬운 업무를 반복하는 행위를 말함 — 옮긴이) 주어진 일을 한다.

우리가 기계의 부품인가? 그렇다면 우리는 삶의 길을 잃은 것이다. 온전한 형상과 비율로 세상과 소통할 수 있을 때까지 아직 자신의 소명을 찾지 못한 것이다. 그 소명을 찾는 과정에서 자신의 돌파구를 마련하고 자신의 일을 이행하며 자아를 확인할 수 있다.

만일 노동이 하찮다고 생각된다면 당신의 생각과 성품으로 그 노동을 귀하게 만들어보라. 그것이 무엇이든 당신이 생각하는 것과 이해하는 것은 그만한 가치가 있다. 우리는 이러한 생각을 통해 서로 소통해야 한다. 그렇지 않으면 서로를 바로 알 수 없고 존중할 수도 없다. 당신은 일이 가진 비굴하고 수동적인 속성들을 내면화하는 어리석음 대신, 그것을 당신이 가진 성품과 지향에 수긍하는 순종적인 어린양으로 변화시키는 기적을 발휘해야 한다.

우리는 오랫동안 사람들의 찬사를 받아온 행위만을 선호할 뿐, 사람이 하는 일은 모두 신성한 의례로 행해질 수 있다는 사실을 알지 못한다. 위대함이 특정 장소나 행위, 혹은 어떤 공간이나 어떤 상황에서만 나타난다고 생각하지만, 파가니니*Paganini*와 유렌슈타인*Eulenstein*이 바이올린과 하프로 환희를 창출하고, 손재주 있는 소년이 가위로 종이 문양을 만들어내고, 랜드시어*Landseer*가 돼지로부터 예술품을 창조하고, 위대한 영웅이 허름한 동네와 남루한 사람들 사이에 묻혀 있다가 등장한다는 사실을 알지 못한다. 우리가 저급한 사회라든가 과도기 사회라고 부르는 곳은 아직 시인들이 예찬할 수 없는 사회라는 뜻이다. 당신이 이곳을 사람들이 선망하는 고귀한 곳으로 만들 수 있다.

랄프 왈도 에머슨
성공의 법칙

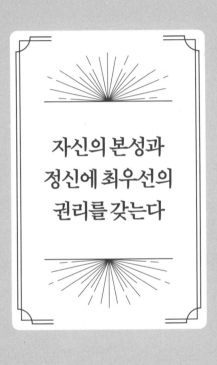

자신의 본성과
정신에 최우선의
권리를 갖는다

우리는 자신의 영적 영역에 속한 것이라면 어디에서든 그것을 취할 수 있다. 하지만 모든 문이 열려 있어도 자신의 영역에 속한 것이 아니면 취할 수 없다.

우리는 왕들의 사고방식을 배워 익혀야 한다. 타인을 환대하고, 일가를 건사하고, 죽음을 받아들이는 등 수천 가지 모습을 통해 왕들이 어떤 마음을 품고 어떤 생각을 하는지 알 수 있다. 끊임없이 새로운 사유의 영토로 나아가는 모습, 그것이 기품*elevation*이다.

우리가 하는 일은 우리가 가진 모습 그 자체다. 희망이나 공포를 느끼는 것은 무슨 이유에서인가? 우리 안에 그 힘이 있기 때문이다. 어떠한 선善도 그 자체로 견고하지 않다. 그것은 우리 안에 있고, 우리가 살아 있는 한 우리와 함께 자라난다. 운이 좋아 얻은 재물은 여름 잎사귀처럼 왔다가 져버린다. 무한한 생명의 덧없는 표식으로 그것을 들어 바람에 날려버려라.

랄프 왈도 에머슨
성공의 법칙

우리도 소유할 수 있다. 올바른 정신, 타인과 구별되는 고유한 성품, 어떤 분야에 대한 감수성, 자신에게 맞는 것을 선택하고 맞지 않는 것을 거부하는 취향, 이 모든 것이 우리의 개성을 결정한다. 인간은 하나의 방법이고 진보적인 배열이다. 머무는 곳마다 자신을 닮은 존재를 모으는 선택의 원리다. 우리는 자신을 에워싸고 도는 수많은 요소 가운데서 자신의 것만을 취합한다. 부유하는 목재를 거두기 위해 강에 띄운 방책防柵과 같고, 강철 조각들 사이에 던져진 자석과도 같다.

이유는 알 수 없지만 과거의 수많은 사실들, 단어들, 사람들은 여전히 우리 기억 속에 남아 있다. 그것들이 현실에서 정확히 분별되지 않는다고 할지라도 우리와 관계를 맺었던 것들이다. 그 기억들은 우리에게 일정한 가치를 담보해주는 의미체들이다. 또한 우리 의식의 일부를 드러내기 때문에 책이나 타인을 통한 관습적인 이미지로는 표현하기 어려운 상징물이기도 하다. 나는 관심을 끄는 모든 것을 가질 것이다. 문을 두드리는 사람에게 문을 열 것이지만, 나와 다른 가치를 지닌 수천 명이 그 문을 지나가도 그들에게 관심을 갖지 않을 것이다. 작은 것들이 속삭이는 말로도 충분하다.

왜 그런지 알 수 없지만 어떤 사건이나 어떤 성격, 누군가의 정중한 모습, 수많은 표정, 어떤 경험 등은 나의 기억 속에 일상적인 모습보다 훨씬 중요하게 남아 있다. 그것은 당신이 부여받은 재능과도 같다. 충분한 가치를 갖도록 함양하면 될 뿐, 받은 것을 거부할 필요는 없다. 문서 작업에서 흔히 보이듯 예시와 사례를 찾아 헤매지 말라. 당신의 마음이 위대하다고 느낀다면 그것은 위대한 것이다. 영혼의 감동은 언제나 옳다.

인간은 자신의 본성과 정신에 부합하는 것에 최우선의 권리를 갖는다. 자신의 영적 영역에 속한 것이라면 어디에서든 그것을 취할 수 있으며, 사람들이 반대해도 그 소유를 막을 수 없다. 하지만 모든 문이 열려 있어도 자신의 영역에 속한 것이 아니면 취할 수 없다. 알 권리가 있는 사람에게 비밀을 숨기는 것은 무의미하다.

어떤 친구가 나를 자신의 편으로 만들었다면, 그의 호소력은 나에 대한 지배력이다. 자신의 마음을 조직한 그의 내적인 권리가 그에게 있다. 그 마음에 내재된 모든 비밀은 그가 사용하는 수단이 된다. 이 원리는 정치가들에게 활용되기도 한다. 오스트리아를 두려움에 떨게 했던 프랑스 공화국의 공포정치도 오스트리아와의 외교 문제를 해결할 수는 없었다. 그러자 나폴레옹은 예법과 품성이 고상하고 사리 분별에도 밝았던 옛 귀족 몽클레어 드나르본*M. de Narbonne*을 빈으로 파견했다. 같은 연고를 가진 사람을 유럽의 옛 귀족들에게 보낼 필요를 느꼈기 때문이다. 이러한 사건으로 인해 사실상 프리메이슨의 한 형태가 만들어지게 됐다. 나르본은 보름도 채 지나지 않아 제국 내각의 모든 비밀을 파헤쳤다.

말하고 이해받는 것만큼 쉬운 일은 없다. 하지만 누군가는 이해받은 일이야말로 가장 강력한 결속과 방어의 토대라는 사실을 깨닫는다. 타인의 의견을 받아들인 사람은 그것이 모든 것 가운데 가장 불편한 채권이라는 사실을 알기 때문이다. 만일 어떤 선생님이 사실의 일부를 감추고자 해도 학생들은 결국 사실의 전부를 알게 될 것이다.

복잡한 모양의 그릇에 물을 담으면서 이쪽이나 저쪽 구석에만 붓는다고 해도 결국 그릇 전체에 물이 담길 것이다. 사람들은 당신의 생각이 실현된 결과를 보고 반응하지만, 그 결과가 어떻게 발생했는지는 알 수 없다. 곡선의 호가 있을 때, 좋은 수학자라면 일부만 보고도 전체의 모양을 알아낼 수 있다.

우리는 언제나 보이는 것에서 보이지 않는 것으로 추론을 넓혀간다. 그래서 먼 시대 현자들이 가졌던 완벽한 지성에까지 이르고자 한다. 인간은 자신의 생각을 책에 담지만 숨길 수는 없어서 때로는 시간에 의해서, 때로는 생각이 비슷한 사람에 의해 공유된다. 플라톤도 자신의 은밀한 이론을 남기지 않았는가? 베이컨은 어떤 비밀을 숨겼을까? 몽테뉴와 칸트도 그랬을까? 그래서 아리스토텔레스도 자신의 글에 대해 "그것은 출판됐지만 어떤 의미들은 출판되지 못했다"라고 말했다.

눈앞에 스승이 있어도 준비가 되지 않은 사람은 아무것도 배울 수 없다. 화학자가 자신의 가장 귀한 비밀을 목수에게 말해준다고 해도 목수가 더 현명해지지는 않을 것이다. 반면, 화학자에게는 재산을 다 준다고 해도 목수에게 말하지 못할 비밀이 있을 것이다.

신은 무르익지 않은 생각들로부터 우리를 보호한다. 우리의 눈은 마음이 무르익을 때까지 눈앞에 놓인 사물조차 알아보지 못한다. 그러다 때가 되면 눈을 열어 앞을 보이게 한다. 앞을 보지 못했던 시간은 꿈을 꾼 것만 같다.

우리가 보는 아름다움과 가치는 자연이 아닌 사람 안에 있다. 세상은 매우 공허하며, 꾸미기 좋아하는 고귀한 영혼인 인간에게 자부심을 빚지고 있다. 대지는 자신의 품을 아름다움으로만 채우고 있지 않다. 템페*Tempe*와 티볼리*Tivoli*와 로마의 골짜기는 땅과 물과 바위와 하늘뿐이다. 인근 수천 곳에 좋은 땅과 물이 있지만 그게 무슨 소용이란 말인가!

사람이 더 나은 존재인 것은 태양과 달, 지평선, 나무 때문이 아니다. 로마 미술관의 관리인이나 화가의 하녀들이 특별히 고상한 자들이라고 할 수 없고, 도서관 사서가 다른 사람들보다 현명하다고 보기 어려운 것처럼 말이다. 세련되고 고상한 사람의 품행에는 천한 사람의 눈에 들어 있지 않는 기품이 담겨 있다. 그것은 아직 우리에게 닿지 않은 별과도 같다.

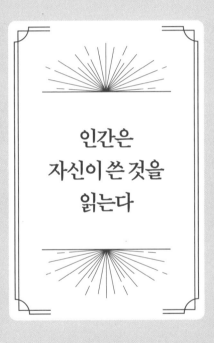

인간은
자신이 쓴 것을
읽는다

인간은 스스로의 가치를 설정할 수 있다.
높고 낮음도 내가 만들고,
사람들이 어떻게 받아들이느냐도 나에게 달렸다.

인간은 인간이 만든 세상을 볼 수 있다. 우리의 꿈은 깨어 있는 지식의 속편이다. 밤의 이상은 낮의 이상과 크게 다르지 않다. 끔찍한 꿈은 그날의 죄가 깨어난 것이다. 나쁜 인상을 보면 그 사람이 품은 그늘진 애정이 보인다.

알프스를 오르는 여행자는 때때로 자신의 그림자가 거인처럼 커져서 작은 손동작에도 깜짝 놀라곤 한다. 어둠의 입구에 있는 사람을 보고 겁에 질린 소년들에게 한 노인이 말했다. "얘들아, 너희는 너희 자신보다 더 나쁜 것을 결코 보지 못할 거야." 사람들은 꿈속에서 파란만장한 일을 겪는 자기 자신을 특별한 사람으로 인식한다. 하지만 자신이 정말로 특별하다는 사실은 알지 못한다.

우리가 생각하는 선은 우리가 생각하는 악에 대비되는 우리 자신의 선이다. 우리가 가진 마음의 모든 특성은 어떤 사람에게 확장되고, 그의 감정도 다른 사람에게 전이된다. 우리는 나무 다섯 그루를 동서남북으로 배치하여 공을 다섯 번 굴리는 퀸컹스 *quincunx* 게임으로 던져진 자들이다. 혹은 각 행의 첫 글자나 중간 글자, 혹은 마지막 글자를 합해 단어를 생성하는 아크로스틱의 문장들로 던져졌다. 왜 안 그렇겠는가?

우리는 우리와 닮은 사람을 좋아하고 그렇지 않은 사람을 피한다. 자신의 취향에 따라 친구와 동료들, 무엇보다 자신의 직업과 습관, 행동, 음식, 음료 등을 선택한다. 결국 우리는 처한 상황의 모든 관점에서 우리 자신을 충실하게 반영한다.

인간은 자신이 쓴 것을 읽는다. 우리가 보거나 얻을 수 있는 것은 우리 자신인 것이다. 그 외에 무엇이 있을까? 당신은 베르길리우스 *Vergilius*를 읽는 어느 현자를 보았다. 베르길리우스는 천 명의 사람에게 천 권의 책이다. 책을 두 손으로 들고 눈을 부릅뜨고 읽어보라. 내가 발견한 의미를 당신은 결코 찾을 수 없을 것이다. 만일 어떤 유별난 독자가 자신이 얻은 지혜와 즐거움을 독점하고자 한다면, 그 책이 영어로 쓰였어도 팔라우 토착어로 적힌 것과 다름없으니 안심해도 좋다.

좋은 책은 좋은 친구와도 같다. 신사에게 천박한 사람을 소개

랄프 왈도 에머슨
성공의 법칙

하는 것은 무의미한 일이다. 그들은 친구가 될 수 없기 때문이다. 사회는 스스로를 보존한다. 그래서 그 내집단은 완벽하게 안전하고 우리의 몸은 그 안에 있다. 하지만 우리는 그들 중 하나가 아니다.

우리가 마음속 불멸의 법칙과 싸우는 것이 무슨 이득이 있을까? 이 법칙은 모든 사람의 관계를 소유와 존재라는 명징한 척도로 충분히 조율하고 있지 않은가? 거트루드는 가이에게 매료됐다 (거트루드와 가이는 각각 여자와 남자의 일반명사 — 옮긴이). 남자의 품위와 매너는 얼마나 고상하고 귀족적이며 또한 로마적인가? 그와 함께라면 진정 행복할 것이고, 그를 위해서는 어떤 대가도 아깝지 않다. 하늘과 땅도 우리를 위해 운행하리라. 그래서 거트루드는 가이를 얻었다. 그런데 만일 그의 마음과 관심이 정치와 극장과 당구장에 가 있다면, 그녀 또한 그의 마음을 돌이킬 생각도 대화도 없다면, 여전히 그는 고상하고 귀족적이고 로마적인 남자일까?

인간은 자신의 사회를 꾸려나간다. 우리가 사랑할 수 있는 것은 자연 외에는 없다. 놀라운 재능이나 모범적인 노력도 우리에게 유용하지 않을 수 있다. 하지만 자연을 가까이하고 자연을 닮은 삶이란 얼마나 쉬우며 아름다운가!

사람들은 어리석게도 사회의 관습과 복장, 자식, 그리고 수준에 따라 친구로 어울려야 한다고 생각한다. 하지만 나와 진정한 친구가 될 수 있는 사람은 내가 나의 길을 갈 때 만나는 사람이고, 내가 필요하거나 나를 필요로 하지 않는 사람이며, 비슷한 천상의 위도에서 태어나 내가 겪은 일들을 비슷하게 반복하고 있는 사람이다.

학자들은 자신을 잊은 채 세상 사람들이 선호하는 풍습과 복장을 취하고, 미소를 짓는다. 그들은 영혼에 고요하고 신비롭고 아름다운 미덕을 고루 갖추었다고 하기엔 아직 종교적인 열정을 배우지 못한 분방한 소녀를 따라다니며 구애하곤 한다. 위대한 사람이 되어보라. 그러면 사랑이 따를 것이다. 한 사회를 구성하는 최선의 방편인 유대관계를 무시하거나 타인의 시선으로 친구를 선택하는 터무니없는 경솔함보다 더 나쁜 결과를 초래하는 일은 없다.

인간은 스스로의 가치를 설정할 수 있다. 자신의 몫만큼 소유할 수 있다는 말은 모두가 생각해봐야 할 말이다. 자신에게 맞는 위치와 태도를 취하면 사람들은 이를 받아들인다. 세상은 공평해야 한다. 그래서 세상은 사람들이 깊은 무심함 속에서 자신의 가치를 정할 수 있도록 한다. 영웅이든 어리석은 사람이든 누구에

계도 마찬가지다. 당신이 숨어 다니며 자신의 이름과 존재를 부정하든, 천상에 드리워진 지붕 한 자락에서 당신의 이름을 확인하든, 그것은 당신의 행위와 존재에 대한 당신 자신의 척도가 될 것이다.

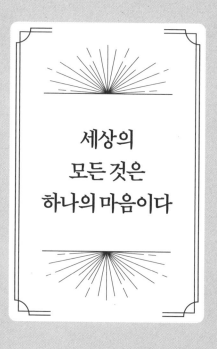

세상의
모든 것은
하나의 마음이다

우리는 연속된 시간을 살고 분할된 시간을 산다.
하지만 우리의 내면에는 전체를 포괄한 영혼이 담겨 있다.

인생의 한 시간이 다른 시간과 다른 것은 어떤 권위가 그것의 재현과 다른 것과 같다. 믿음은 순식간에 찾아오고 습관에는 악이 스며든다. 그런데 믿음의 짧은 순간에도 깊이가 내포돼 있어서 다른 경험보다 그것이 옳다고 믿게 된다. 그래서 인간에 대한 희망을 가진 사람들을 단념시키기 위한 주장으로 경험을 이야기하는 것은 전혀 효과가 없다.

우리는 우리를 반대하는 이에게 과거를 내주기도 하지만, 그래도 희망을 가져본다. 희망을 꿈꾸는 사람은 그 희망을 설명해야 한다. 인간의 삶이 누추하다는 것에 동의한다. 그런데 그러한 생각을 갖게 된 이유는 무엇일까? 이 낡고 거추장스러운 불안의 근원은 어디일까? 결핍과 무지에 대한 보편적인 감각이란 영혼이 거세게 항의하는 저 미묘한 풍자가 아니면 무엇일까? 사람들은 왜 인간의 자연사가 제대로 쓰이지 않은 거라고 느낄까? 사람들은 왜 인간에 대해 누군가 남긴 이야기를 모르거나 낡았다고 생각하고, 심지어 형이상학은 가치가 없다고 느낄까?

6천 년 동안 쓰인 철학은 영혼의 방과 창고를 탐색하지 못했다. 그래서 그들이 연구한 결과물에는 항상 해결되지 못한 잔여물이 남아 있다. 인간은 원천이 감춰진 시냇물이다. 우리의 존재는 알 수 없는 곳으로부터 우리를 향해 흘러 내려오고 있다. 가장 정확한 계산기도 불현듯 다가와 우리의 계획을 망치는 어떤 것을 예측할 수 없다. 나는 매 순간 내 의지라고 부르는 것보다 상위에 있는 사건의 근원을 인정해야 한다는 압박을 받는다.

사건들이 그러한 것처럼 우리의 생각도 마찬가지다. 알 수 없는 곳에서 나에게 흘러드는 시냇물을 바라볼 때면 나 자신이 연금을 받아 생활하는 수급자처럼 느껴진다. 나는 원인이 아니라 그 영적인 시냇물을 발견하고 놀란 구경꾼에 불과하다. 나는 분명 어떤 것을 기대하고 꿈꾸지만, 모든 것은 내가 알지 못하는 곳에서 흘러온다.

과거와 현재의 오류를 주관하는 최상위 비평가이자 유일한 예언자는 지구가 부드러운 대기 위에 놓인 것처럼 우리가 몸을 의탁하는 위대한 자연이다. 그 하나의 마음을 나는 초영혼$^{over-soul}$이라고 부른다. 그 안에는 우리 각각의 구체적인 존재들이 포함되어 있으며, 그 존재들은 다른 존재들과 하나가 된다. 그곳에서 모든 마음의 대화는 예배가 되고, 올바름을 실천하는 모든 행위는 귀의歸依가 된다. 생동하는 현실은 우리의 속임수나 재능을 부끄럽게 하고, 모든 사람이 자기 자신을 있는 그대로 받아들이도록 하며, 자신의 혀가 아니라 자신의 성품으로 말하도록 권한다. 그리고 우리의 생각과 두 손에 깃들어 있는 모든 것이 지혜와 미덕이 되고 능력과 아름다움이 되도록 한다.

우리는 연속된 시간을 살고 분할된 시간을 산다. 부분 속을 살고 입자 속을 산다. 하지만 우리의 내면에는 전체를 포괄하는 영혼이 담겨 있다. 그것은 지혜로운 침묵이고, 모든 부분과 입자가 연결된 보편적인 아름다움이며, 영원한 하나의 마음$^{eternal\ ONE}$이다. 우리가 존재하고 그 행복에 접근할 수 있는 깊은 힘은 스스로 자족하는 마음이고, 모든 시간이 완전할 뿐 아니라 스스로 주시하는 행위이고, 또한 주시당하는 대상이다. 그것은 거대하게 생동하는 주시자로 주체이자 객체이다.

모든 것은 하나의 마음이다. 우리는 세상을 조각내어 바라본다. 태양과 달과 동물과 나무를 개별적인 대상으로 생각한다. 그러나 모든 빛나는 부분들의 전체가 영혼이다. 오직 그 지혜가 주는 통찰을 통해 우리는 시대의 운명을 읽을 수 있다. 그리고 더 높은 생각에 의지하고 모든 사람에게 내재된 예지의 영혼에 귀의함으로써 그들이 말하는 바를 알 수 있다. 그러나 각자의 삶으로 말하는 각자의 말들은 자신의 입장으로 공감하지 않은 이에게는 헛된 것으로밖에 들리지 않는다.

나 역시 그렇지 않다고 말할 자신이 없다. 내 말은 메마르고 차가워서 그처럼 존귀한 뜻을 담지 못하기 때문이다. 오직 하나의 지혜만이 타인에게 영감을 허락한다. 보라! 그들의 말은 서정적이고 달콤하며 바람이 부는 것처럼 보편적인 사건이다. 그래서 나는 만약 고귀한 말을 사용할 수 없다면 고귀하지 않은 말로라도 신의 영역을 넘보며, 내가 모아둔 단순하지만 초월적이고 지고한 법칙의 작은 실마리라도 던져보고 싶다.

우리가 사람들과 대화하고, 몽상에 잠기고, 회한에 빠지고, 열정을 기울이고, 충격에 휩싸이고, 꿈을 꾸는 일들을 생각해보면 종종 가장무도회에 나가 있는 자신의 모습을 본다. 우스꽝스럽게 변장을 하면 몸은 실제보다 크게 강조되고 사람들의 이목을 끌게 된다. 여기에서 우리는 자연의 비밀에 관한 여러 단서들을 얻게 된다. 그 단서들은 자연에 관한 지식을 더욱 확장시키고 명료하게 밝혀줄 것이다.

모든 것을 통해 우리가 알 수 있는 것은 인간이 가진 영혼이 단지 하나의 기관이 아니라 모든 기관에 생명을 불어넣어 살아 움직이도록 한다는 점이다. 그것은 기억하고 계산하며 추론하는 신체 기관이 아니다. 그것은 물리력이 아닌 빛으로 손과 발을 움직이게 한다. 지성이나 의지도 아니다. 지성과 의지를 주관하는 존재다. 그것은 소유할 수 없고 소유될 수도 없는, 우리 존재의 바탕이 되는 거대한 존재다.

빛은 자신의 내부에서, 혹은 무언가로부터 우리를 거쳐 사물을 비춘다. 이를 통해 우리는 아무것도 아니고, 빛은 세상의 전부라는 걸 깨닫게 된다. 인간은 모든 지혜와 모든 선한 것이 머무는 사원의 외관이다. 먹고 마시고 경작하고 계산하는 신체가 자신을 나타내는 것이라고 생각하겠지만, 사실은 잘못 나타내는 것이다. 우리는 그 신체를 존경하지 않는다. 그러나 우리의 영혼이 신체의 행동을 통해 자신을 드러낸다면, 우리는 무릎을 꿇고 그를 존경할 것이다. 그가 자신의 지성을 통해 호흡을 하면 그것이 인간의 정신이다. 그가 자신의 의지를 통해 호흡할 때 그것은 덕이 되고, 그 덕이 그의 애정을 관통하여 흐르면 그것은 사랑이 된다.

지성은 자신이 무언가 되고자 할 때 시력을 잃고, 의지는 자신이 무언가 하고자 할 때 동력을 잃는다. 모든 개혁이 올바른 길을 가고자 한다면 영혼이 우리를 통해 자신의 길을 가도록 해야 한다. 다시 말해 우리는 겸허히 영혼을 따라야 한다.

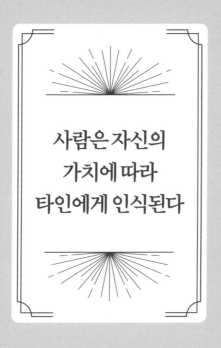

사람은 자신의
가치에 따라
타인에게 인식된다

다른 사람이 나를 어떻게 평가하는지에 대한 호기심은
아주 헛된 것이며, 남들에게 알려지지 않은 사실을
두려워하는 마음 또한 무의미하다.

사람의 인격은 언제나 자신을 표출한다. 가장 덧없는 말과 행동, 사소한 행위에 담긴 감정, 그리고 내밀한 목적이 그의 자아를 표현한다. 당신이 어떤 행위를 하면 당신의 자아를 보여주게 된다. 가만히 있어도, 잠을 자도 당신의 자아가 표출된다.

사람들이 시대 문제나 교회, 노예제, 결혼, 사회주의, 비밀결사, 대학, 정당, 혹은 개인사에 대해 자신의 주장을 펼칠 때 당신이 침묵을 지켰다고 하자. 아무 의견도 제시하지 않았기 때문에 당신의 유보된 평결은 드러나지 않은 지혜로 남은 거라고 생각할 것이다. 하지만 전혀 그렇지 않다. 당신의 침묵은 큰 소리로 외친 대답과 다르지 않다. 당신은 어떠한 신념도 가지고 있지 않고, 동료들은 당신을 신뢰할 수 없는 사람으로 판단했을 뿐이다.

랄프 왈도 에머슨
성공의 법칙

자연에 속임수가 생기는 일은 극히 드물고, 진실은 사람의 신체에 엄정한 통제력을 유지한다. 어떤 이들은 얼굴은 거짓말을 하지 않는다고 주장하기도 한다. 표정의 변화를 연구하는 사람은 희망을 가져도 좋다. 사람이 천상의 영혼으로 진리를 말한다면 그의 눈은 저 하늘과 같이 청명하기 때문이다. 사악한 목적을 가지고 거짓말을 할 때는 눈이 흐려지고 때로는 삐뚤어져 보인다.

내가 만난 어느 노련한 변호사가 말하길, 고객이 자신의 변호사가 반드시 승소할 거라 믿지 않으면 배심원들에게도 확신을 주지 못한다고 했다. 고객이 변호사를 믿지 못하면 변호사가 제아무리 뛰어난 논변을 보인다고 해도 그의 불신이 배심원들의 불신으로 나타날 것이다. 이것은 분야와 상관없이 예술가가 창조한 작품이 관객이나 독자들에게 전달되는 내면의 법칙과도 같다. 스스로 믿지 않는 것은 아무리 반복해서 강조해도 그것을 적절히 표현할 수 없다. 스베덴보리 신도들은 사람들이 믿지 않는 영적 세계의 이야기를 표현하기 위해 신념을 활용하고자 했다. 그러나 입술을 비틀고 접어도 소기의 목표를 이룰 수는 없었다.

사람은 자신의 가치에 따라 타인에게 인식된다. 다른 사람이 나를 어떻게 평가하는지에 대한 호기심은 아주 헛된 것이며, 남들에게 알려지지 않은 사실을 두려워하는 마음 또한 무의미하다.

어떤 사람이 자신이 어떤 일을 할 수 있고, 특히 다른 사람보다 더 잘할 수 있다는 사실을 알고 있다면, 그것은 그 사실을 인정한다고 서약한 것과 같다. 세상은 심판의 날로 가득하다. 사람들이 모이는 행사에서 그가 보이는 행위는 그대로 규정되고 평가된다.

마당이나 광장에는 언제나 소리 지르며 뛰어노는 아이들이 있다. 그런데 무리에 새로 합류한 아이는 마치 기존 아이들의 체력과 속도와 성격을 정확히 학습한 것처럼 며칠 안에 놀이에 적응하고 자신의 역할을 수행한다. 먼 학교에서 전학 온 아이가 좋은 옷을 입고 좋은 물건을 가지고 다니며 허세를 부린다고 하자. 동네 골목대장 아이는 혼잣말로 이렇게 말할 것이다. "별일이군. 어떤 녀석인지 내일 만나봐야겠는걸?" 이 자연스러운 반응은 인간을 관찰하고 세간의 헛된 소문들을 걷어내는 신성한 질문이기도 하다.

평범한 사람이 호메로스나 워싱턴과 같은 위인의 반열에 오를 수는 없지만, 인간이라는 존재가 가지는 가치를 따진다면 모두가 제각기 위대하다. 거짓은 자신을 숨길 수는 있겠지만 스스로 행동에 나설 수는 없다. 거짓은 허위로나마 진정한 위대함을 실행한 적이 없다. 그것은 일리아드를 쓴 적도 없고, 크세르크세스^{Xerxes}를 몰아낸 적도, 세상에 기독교를 전파한 적도, 노예제를 폐지한 적도 없다.

미덕이 쌓일수록 좋은 일이 생긴다. 미덕이 풍성해지면 선이 쌓이고, 그것이 명령한 만큼 존경이 쌓인다. 악마도 미덕을 존경한다. 고귀하고 관대하고 헌신적인 무리는 언제나 인류에게 가르침을 주고 나아갈 방향을 제시한다. 진실한 말이 완전히 빛을 잃은 적은 없다. 관대함은 바닥으로 추락한 적이 없으며, 오히려 사람들의 마음을 파고들어 말을 건넨다.

사람은 자신의 가치만큼 평가받는다. 그가 어떤 사람인지는 그의 얼굴에, 그의 몸짓에, 그의 소유물에 빛의 글자로 새겨진다. 숨기는 행위도 과시의 행위도 아무런 소용이 없다. 우리의 눈빛과 미소에, 우리가 건네는 인사와 악수에는 우리의 고백이 담겨 있다. 그의 죄는 그에게 고통을 주고, 좋은 인상을 앗아간다. 누구도 이유를 알지 못하지만 사람들은 그를 신뢰하지 않는다. 그의 악덕은 그의 눈을 가리고, 얼굴을 비열한 표정으로 덮고, 코를 고약한 모양으로 만들고, 머리 뒤에 짐승의 표식을 새기고, 왕이라고 할지라도 이마에 바보 명패를 붙인다.

당신이 만일 사람들에게 알려지는 것이 두렵다면 그 행동을 하지 말아야 한다. 사막을 헤매면서 바보짓을 해도 모래 알갱이가 당신을 볼 것이다. 아무도 만나지 않고 홀로 고독한 식사를 한다고 해도 어리석은 비밀은 숨겨지지 않는다. 창백한 안색과 탐욕스러운 표정, 인색한 마음, 무식한 내면도 숨길 수 없다. 치핀치 *Chiffinch*와 이아키모*Iachimo*(모두 셰익스피어의 희곡에 등장하는 탐욕스러운 인물 — 옮긴이)가 제논*Zeno*이나 성 바울*Saint Paul*과 혼동될 수 있을까? 공자는 이렇게 탄식했다. "사람이 어떻게 자신을 감출 수 있을까? 사람이 어떻게 자신을 감출 수 있을까?"

반면에 위인은 정의롭고 용감한 행동을 공언하지 않으며 그것이 목격되지 않고 찬사받지 않는 것을 두려워하지 않는다. 모든 것을 아는 사람은 자기 자신이며, 그것이 가져다주는 평온과 그것이 제시하는 고귀한 목표에 헌신한다. 이것은 자신의 행적을 이야기하는 것보다 더 강력한 선포이며 자신을 증명하는 고귀한 맹세가 된다. 미덕은 사물의 본성을 따르는 것이며, 사물의 본성은 그 길을 인도한다. 미덕은 지속하는 현실 존재를 지탱하며, 하느님도 자신의 숭고한 속성을 "나는 스스로 있는 자"라고 규정한다.

이러한 생각들을 통해 얻을 수 있는 교훈은 "우리는 보이는 존재가 아닌 존재하는 존재가 되어야 한다"라는 것이다. 우리는 이 명제를 마음에 새겨야 한다. 신성한 삶의 여정에서 자만과 허상을 걷어내고, 세상의 지혜를 버리고 신적인 권능 앞에 겸허해야 한다. 오직 진리만이 우리를 부유하고 위대하게 만든다는 사실을 깨달아야 한다.

친구를 방문한다면, 그에게 그동안 소원했다고 사과할 필요가 있을까? 그런 말은 그에게 시간 낭비이고 당신에게는 자아의 낭비가 되지 않을까? 지금 그를 찾아가 보라. 그의 작은 환대에도 최고의 예를 보여주면 된다. 지금까지 친구를 돕거나 선물과 인사말로 교류하지 않았다는 자책으로 당신과 친구를 괴롭힐 필요가 있을까? 사람들은 너무 자주 타인을 바라보고 그들에게 사과한다. 머리를 숙이고 장황한 이유를 설명하기도 한다. 중요한 것은 잃어버린 채 허울만 추종한다. 그대 자신이 선물이 되고 축복이 되길 바란다. 선물이라는 빌린 빛이 아닌 그대라는 진정한 빛으로 빛나길 바란다.

우리는 감각을 숭배하고 크기를 칭찬한다. 그리고 시인을 무용한 사람이라고 말한다. 시인은 대통령도 아니고 사업가도 아니고 노동자도 아니기 때문이라고 한다. 관습을 숭배하지만, 그것이 우리가 가진 생각의 토대 위에 세워졌다고 느끼지 못한다. 그러나 진실한 행동은 묵묵한 시간 속에 나타난다.

우리의 인생 서사는 직업이나 결혼, 승진 따위로 쓰이는 것이 아니라, 우리의 모든 발걸음에 깃드는 잠잠한 생각 속에서 그려진다. 솟구치는 생각들은 우리의 삶을 반추하며 이렇게 속삭인다. "네가 이렇게 했구나. 하지만 저렇게 했다면 더 좋았을 수 있어." 이후 우리의 삶은 마치 하인이 주인을 따르듯 더 나아지는 생각을 섬기고 기다리며 자신의 삶을 개척한다. 이러한 변화는 우리 삶에 지속적으로 영향을 미치는 힘이 되어 인생 여정을 함께한다.

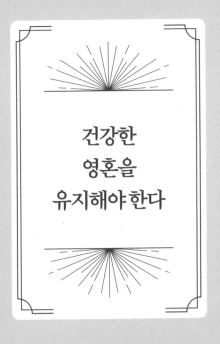

건강한
영혼을
유지해야 한다

모호한 일을 버리고 단순하고 고상한 감정을 느끼게 하는
일을 하라. 그러면 복잡하고 괴로운 마음을 차분히
다스릴 성품을 갖게 될 것이다.

우리는 비범하다고 소문난 젊은이들을 많이 보고 듣지만, 실제로는 소문처럼 탁월하지 않거나 현실적인 성과를 내지 못하는 경우가 많다. 처음 그들이 자아내는 분위기나 태도를 보고 사회와 종교와 지식에 대해 논하는 것을 들으면 우리는 놀라곤 한다.

그들은 우리의 정치 전부와 사회의 전반을 경멸하는 것 같다. 사실상 혁명을 일으키기 위해 등장한 젊은 거인처럼 보인다. 하지만 그 주장들이 삶의 현장에 적용되는 순간, 기대와 희망은 평범한 사람의 것으로 축소된다. 그들이 사용한 마법은 지상의 것이 아니며 현실을 우스꽝스럽게 만들 뿐이다.

이 험난한 세상은 젊은이들이 태양의 말을 데려가 밭고랑에서 쟁기질을 하는 순간 복수를 시작한다. 그들은 어떤 비전도 뜻

랄프 왈도 에머슨
성공의 법칙

을 같이하는 동지도 찾지 못했고, 마음은 스스로에게 주저앉아버렸다. 그렇다면 어떻게 될까? 그들이 선포한 첫 열정은 여전히 사실이다. 그리고 더 나은 용기와 더 순수한 진리가 언젠가 그 믿음을 실행할 것이다.

하지만 왜 어떤 여성은 자신을 위대한 역사적 인물에 견주도록 압박받아야 하는가? 왜 자신들이 사포*Sappho*나 세비녜*Sévigné*, 드스탈*De Staël* 같은 지성과 교양을 겸비한 종교적인 위인들에도, 정의의 신 테미스*Themis*의 기대에도 미치지 못한다고 좌절해야 하는가? 누구도 그럴 수는 없지 않은가? 왜 그렇게 생각해야 하는가? 그 여성에게는 새롭고 누구도 시도하지 않은 문제가 있다. 그것은 아마도 지금까지 피어난 가장 행복한 자연의 꽃일 것이다. 그 여성은 당당한 마음으로 고요히 자신의 길을 걸으며, 새로운 경험으로 삶의 자양분을 얻고, 눈에 띄는 모든 것을 차례차례 탐색하면서 새로운 힘과 매력을 알아갈 것이다.

그것은 공간의 숨겨진 지점에서 몸을 드러내는 새로운 새벽이다. 자부심을 발산하는 강인한 영향력을 선택하며 타인의 간섭을 뒤로하고, 거침없고 생기 넘치고 원대한 꿈을 꾸는 이 여성은 스스로 고귀함을 드러내며 주위 사람들에게 영감을 준다. 고요한 마음이 그녀를 격려한다. 오 친구여, 결코 두려움을 향해 항해하지 말기를! 당당히 항구로 입성하거나 신과 함께 바다를 항해하기를. 그대의 삶은 헛되지 않다. 그대를 바라보는 모든 이가 그대에 의해 기쁨을 얻고 그대를 통해 마음의 정화를 얻기 때문이다.

사람은 누구나 방황하는 마음과 충동적인 습성을 가졌으며, 그러면서도 지나치게 세상에 관대하다. 하지만 당신이 자신의 길을 택했으면 그것을 고수하면 그뿐, 세상과 조화를 이루려 노력하지 말라. 영웅적인 것은 평범한 것이 될 수 없고 평범한 것은 영웅적인 것이 될 수 없다. 그럼에도 우리는 지각이 더딘 정의에 호소하며 사람들의 동정을 기대하곤 한다. 만일 당신이 형제들을 돕고 싶다면 그들에게 필요한 도움을 주면 그뿐, 점잖은 사람들이 칭찬하지 않는다는 사실 때문에 손길을 거두지 말라. 우리는 그저 자신의 행위에 충실하면 된다. 이상하고 요란스러운 행동으로 점잖은 시대의 단조로운 풍경을 흔들었다는 사실에 스스로 만족하면 안 된다.

누군가 한 젊은이에게 훌륭한 조언을 했다는 이야기를 들었다. "언제나 실행하기 두려운 일을 하시오." 자신의 충분함을 실천하는 사람은 변명할 필요가 없다. 포키온*Phocion*은 전투 결과에 만족한다고 했지만, 철군 결정에 대해서도 후회하지 않는다고 했다. 우리도 스스로의 행위를 차분하게 관조할 수 있어야 한다.

랄프 왈도 에머슨
성공의 법칙

어떤 위기나 위험이 찾아와도 우리는 생각을 통해 해결책을 마련할 수 있다. 이것은 내가 체득한 삶의 방식이자 주변 사람들과 맺는 관계와 책무의 모습이다. 타인에게 결코 부끄러운 모습을 보여서는 안 되며, 우스꽝스러운 모습을 드러내서도 안 된다고 자연과 내가 맹세한 바가 있는가?

우리는 우리의 존엄함을 돈 쓰듯 넉넉하게 행사해야 한다. 위대함은 한 번 실행되면 불변의 가치가 된다. 우리가 선행을 베푸는 것은 자선단체의 칭찬을 받거나 그들이 실행하는 위대한 일에 동참하기 위해서가 아니라 스스로 옳다고 생각하는 것을 구체화하기 위해서인 경우가 많다. 하지만 이것은 커다란 실수이다. 사람들이 자신의 선행을 떠벌리는 모습에서 우리는 같은 진실을 본다.

약간의 엄격함을 섞어 진실을 주장하거나, 일부 절제된 호탕한 관대함으로 행동하는 것은 많은 걸 갖춘 편안한 삶을 사는 이들에게서 발견되는 그들만의 금욕주의라고 할 수 있다. 그들은 이러한 행위를 통해 다수의 고통받는 사람들과 유대감을 가지려 한다. 하지만 우리는 인내와 절제와 고독과 알려지지 않음이라는 형벌을 감수해서라도 건강한 숨을 쉬고 건강한 영혼을 유지해야 한다. 우리 앞에는 언제나 인간을 침범하는 위험이 있고, 혐오스러운 질병이 창궐해 있으며, 저주의 목소리나 폭력적인 죽음의 공포도 도사리고 있다.

영웅주의 시대는 대체로 공포의 시대이지만, 이 원리가 자동하지 않고서는 영웅주의가 빛나지 않는다. 인간이 처한 여건들은 과거 어느 때보다도 이 시대와 이 나라에서 가장 나아졌다고 말한다. 문화의 영역에는 더 많은 자유가 주어졌다. 탄압의 시대를 벗어난 언론은 첫걸음부터 차단당하지는 않을 것이다. 하지만 영웅적인 사람은 언제나 자신의 능력을 시험하기 위해 위기를 찾는다. 인간의 미덕은 순응자와 순교자를 요구하며, 박해의 사건은 언제나 있기 마련이다. 얼마 전 용감한 엘리야 러브조이*Elijah Lovejoy* 목사가 언론의 자유와 출판의 권리를 위해 거리로 나섰다가 폭도들의 총탄에 가슴을 내주고 세상을 떠났다.

나는 사람들에게 휴식을 제공하는 완벽한 평화의 길이란 없다고 믿는다. 단지 자신의 가슴이 외치는 대로 걸을 수 있을 뿐이다. 너무 복잡한 인간관계를 끊고, 집에 많이 머물고, 스스로 승인한 행동을 굳히는 일은 좋은 습관이다. 모호한 임무를 버리고 단순하고 고상한 감정을 느끼게 하는 일을 하라. 그러면 복잡하고 괴로운 마음을 차분히 다스릴 성품을 갖는 데 도움이 될 것이다.

누군가를 덮친 분노가 다시 같은 사람을 향할 수 있다. 종교가 쇠퇴하는 조짐이 보이는 나라가 있다면 그런 일은 매우 쉽게 벌어진다. 그런 나라에서 젊은이들은 거친 욕설과 분노, 타르와 깃털, 그리고 처형대 같은 것들을 마음속으로 떠올릴 것이다. 여러 신문과 수많은 이웃이 그의 주장에 지지를 표한다면, 젊은이들이여 처벌을 감수하면서도 가능한 한 부드럽고 긍정적인 태도로, 어떻게 자신의 주장을 속히 관철시킬 수 있을지 고민하는 것도 좋을 것이다.

랄프 왈도 에머슨
성공의 법칙

1판 1쇄 인쇄	2024년 6월 10일
1판 1쇄 발행	2024년 6월 17일

—

지은이	랄프 왈도 에머슨
옮긴이	노윤기

—

펴낸이	김봉기
출판총괄	임형준
편집	안진숙, 김민정
교정교열	김민영
디자인	호우인
마케팅	선민영, 조혜연, 임정재

—

펴낸곳	FIKA[피카]
주소	서울시 서초구 서초대로 77길 55, 9층
전화	02-3476-6656
팩스	02-6203-0551
홈페이지	https://fikabook.io
이메일	book@fikabook.io
등록	2018년 7월 6일(제2018-000216호)

—

ISBN	979-11-93866-05-4 03100

피카 출판사는 독자 여러분의 아이디어와 원고 투고를 기다리고 있습니다.
책으로 펴내고 싶은 아이디어나 원고가 있으신 분은 이메일 book@fikabook.io로 보내주세요.